MUEL PRATIQUE ÉQUITATION

OUVRAGE ORNÉ de 45 FIGURES

MANUEL PRATIQUE
D'ÉQUITATION

CH. LE BRUN-RENAUD

MANUEL PRATIQUE
D'ÉQUITATION

OUVRAGE ORNÉ DE QUARANTE-CINQ FIGURES

PARIS
GARNIER FRÈRES, LIBRAIRES-ÉDITEURS
6, RUE DES SAINTS-PÈRES, 6

Le colonel L'Hotte
Écuyer en chef de l'École de Saumur.

A M. le Général de division

L'HOTTE

Ancien Écuyer en chef
Et ancien Commandant de l'École de cavalerie de Saumur,
Inspecteur général permanent de cavalerie

Est dédié ce livre

PAR SON TRÈS DÉVOUÉ ET TRÈS RESPECTUEUX

Ch. Le Brun Renaud.

INTRODUCTION

Depuis quelques années, le goût de l'Équitation se propage en France avec une grande rapidité et s'accentue chaque jour davantage.

Partout la jeunesse des lycées et des écoles, pleine d'entrain, se livre à cet exercice utile et agréable et y puise un développement salutaire à ses forces physiques et à ses facultés intellectuelles.

Toutefois, un grand nombre de localités d'importance secondaire sont dépourvues de manèges civils et militaires. Il est alors impossible, à ceux qui désirent apprendre à monter à cheval, de suivre les leçons de maîtres expérimentés et de s'initier aux secrets de l'art équestre.

Nous nous sommes efforcés de combler cette fâcheuse lacune en condensant en quelques pages précises les doctrines de nos illustres maîtres, les Pluvinel, les d'Abzac, les d'Aure les Baucher, les l'Hotte éparses dans de savants traités d'une lecture difficile pour tout commençant.

Ce livre résume les principes les plus élémentaires et les plus rationnels pour former un cavalier solide et élégant, lui apprendre à dresser un jeune cheval aux trois allures et à en tirer le meilleur parti possible au Manège comme à l'extérieur.

Bien que les airs relevés, tels que le pas espagnol et le passage ne soient plus pratiqués que par une élite peu nombreuse de cavaliers d'une science très brillante et par les écuyers des cirques, nous avons cru devoir en expliquer sommairement le mécanisme.

L'Équitation des dames a pris une si large extension qu'elle a nécessité un chapitre spécial.

Nous avons retracé l'historique des courses, de leur organisation, de leurs résultats au point de vue de l'amélioration des races et des progrès de l'Équitation, dont elles forment une des branches les plus importantes.

Nous avons donné quelques principes élémentaires sur la conduite du cheval attelé seul et à deux.

La science hippique se sert de *termes et de locutions techniques* qui souvent ne sont pas entendus et compris ; aussi nous avons donné la clef de ceux employés le plus généralement dans ce livre, sorte de *vade-mecum* du cavalier.

MANUEL PRATIQUE
D'ÉQUITATION

CHAPITRE PREMIER

L'Équitation.

L'Équitation chez les Anciens, en Égypte, en Grèce et à Rome. — Le moyen âge. — Les Académies. — La Broue, Pluvinel et la Guérinière. — L'École de Versailles. — L'École d'Abzac. — L'Art équestre moderne. — Le comte d'Aure, M. Baucher. — L'École de Saumur.

Depuis l'origine de la Création, les hommes se sont servis du cheval pour labourer les champs, traîner et porter les fardeaux et combattre.

A cette époque, le cheval faisait en quelque sorte partie de la famille ; il était élevé sous la tente, au milieu de ses membres, qui lui prodiguaient les soins les plus empressés.

C'est l'Égypte, qui, la première, fit usage du

cheval dans les combats et l'attela au char triomphal des guerriers vainqueurs. Sésostris put réunir sous sa puissante domination 24.000 chevaux et commanda la plus solide cavalerie du monde.

Qui ne connaît la légende du fameux Bucéphale, qui partagea sur les champs de bataille tous les dangers d'Alexandre le Grand, son illustre maître, et mourut chanté par tous les poètes de l'Attique.

Dans l'antiquité, les plus hardis cavaliers furent les Parthes ; ces nomades passaient des journées entières sur leurs vigoureux coursiers qu'ils montaient sans selle et sans bride et qu'ils poussaient contre l'ennemi en les dirigeant avec les jambes et avec la voix. Dès qu'ils avaient lancé leurs flèches, ils s'enfuyaient et, insaisissables, ils échappaient à la poursuite de l'ennemi.

Les Grecs aimaient passionnément l'art équestre et s'y distinguaient aux Jeux Olympiques par leur adroite habileté à franchir des barrières et à conduire des chars dans l'arène. Les vainqueurs de ces courses étaient entourés des plus grands honneurs.

A Rome, les *Equisones* formaient une caste à part d'écuyers qui présidaient à l'éducation des jeunes Romains dans l'art de monter à cheval.

Sous les Empereurs les courses furent organisées avec un luxe fastueux. Les Romains couraient au cirque applaudir Néron qui n'hésitait pas à

descendre dans l'arène disputer les palmes de la victoire, et découvraient leurs fronts devant le cheval de Caligula créé consul par un caprice bizarre de ce despote.

L'empire grec de Byzance se livra à ces réjouissances jusqu'au jour de sa chute sous les coups des Turcs.

Les Arabes, sortis de l'Asie Mineure, furent un peuple de cavaliers indomptables. Montés sur leurs petits chevaux, aux formes sveltes, à la crinière flottante, d'un tempérament nerveux,

ils promenèrent victorieusement l'étendard du Prophète de, l'Égypte aux Indes et de Samarcande à Lisbonne.

Le moyen âge vit s'épanouir, dans son plus brillant éclat, la *chevalerie*. Un cheval, une armure, une lance composaient toute la richesse d'un

Noble et lui conquéraient ses quartiers. Les chevaux étaient divisés en plusieurs classes suivant leur emploi, et comprenaient : le *Destrier* (cheval de bataille) le *Palefroi* (cheval de parade) le *Roussin* (cheval de service) le *Sommier* (cheval de bât). C'est dans les tournois que les chevaliers exerçaient leur habileté à manier la lance, la hache et l'épée et leur vigueur à diriger leurs fougueux palefrois, sous les yeux émerveillés des dames.

La mort tragique de Henri II fit abandonner ces jeux sanglants, qui furent remplacés par les carrousels, fêtes gracieuses, où les quadrilles alternaient avec les courses des têtes et dont Louis XIV rehaussa la grandiose splendeur en y invitant es princes du sang, les maréchaux, les ambassadeurs étrangers.

L'Italie imprima à l'équitation un nouvel essor et rajeunit ses principes tombés en désuétude. L'Académie de Naples fut le siège de cette révolution dans la science équestre et Pignatelli devint le plus célèbre écuyer. Son enseignement rayonna dans toute l'Europe, et la France y puisa d'utiles leçons pour l'établissement de ses académies qui furent fondées à Paris, Tours, Bordeaux et Lyon par l'initiative intelligente de la Broue et Pluvinel. Les mouvements ralentis, les allures raccourcies étaient mis en pratique et on était réputé bon écuyer lorsqu'on parcourait en trois quarts d'heure les cinq cents mètres qui séparent le manège de Versailles de la Cour de marbre. L'école de la Broue, de Pluvinel, de Newcastle régna au xviie siècle et fit place à celle de Versailles qui fut la plus haute expression de l'art équestre ; elle faisait autorité en France. Elle comprenait la grande et la petite écurie ; elle avait à sa tête le prince de Lambèse ; ses plus remarquables représentants furent le marquis de la Bigue et le chevalier d'Abzac.

La Guérinière opéra dans l'art de monter à cheval une révolution salutaire ; par la suppression des battes et du troussequin de la selle à piquer, il obligea le cavalier à se tenir en selle correctement et à avoir une position naturelle et régulière basée sur l'équilibre. Il recommandait d'assouplir les épaules et les hanches et obtenait une grande légèreté de bouche. Il plaça trop le cavalier sur l'enfourchure et lui fit tendre démesurément les jarrets.

Bourgelat découvrit l'anatomie du cheval, et étudia le mécanisme de ses mouvements et le parti qu'on en pouvait tirer. Il enseigna une équitation mathématique et rationnelle et prépara l'école des d'Abzac qui rejetèrent les airs relevés et trides et développèrent la franchise des allures, laissant au cheval toute la liberté nécessaire de se porter en avant et d'allonger son encolure en prenant un point d'appui sur la main. Ils furent imités par les écuyers militaires tels que Bohan, d'Auvergne, Mottin de la Balme et Melfort, qui renfermaient l'équitation militaire dans l'exécution de *mouvements suffisants pour exécuter toutes les évolutions nécessaires à la guerre.*

L'empereur Napoléon, toujours sur les champs de bataille, n'eut pas le temps de former des cavaliers finis; il recommanda à ses instructeurs de donner aux hommes des principes élémentaires afin de leur apprendre à déterminer leur monture en avant et à l'arrêter.

Le manège des pages, celui de Paris, l'École de Saint-Germain furent des établissements destinés à inculquer à la jeunesse les vrais principes de l'équitation.

Le Restauration rétablit l'École de Versailles et en confia la direction au chevalier d'Abzac dont le meilleur élève fut le comte d'Aure, qui résuma son système de la manière suivante : « Employer l'action équestre, en raison du degré des facultés du cheval, de sa nature et de ses instincts, de manière qu'il accepte sans résistance la domination de l'homme et soit amené à l'obéissance la plus passive, tout en conservant une certaine liberté d'action nécessaire à la manifestation de ses plus brillantes qualités. Par conséquent, toute exigence qui tendrait à lui faire exécuter des mouvements forcés doit être proscrite par une équitation rationnelle, d'autant plus qu'elle aurait pour effet inévitable de l'abrutir et de le ruiner.

« Le cheval se meut en raison des sensations qu'il éprouve, va où on le dirige, accepte le soutien qu'on lui offre et cède aux résistances et à la douleur : c'est donc en raison de la manière dont ces sensations sont produites que ses forces sont mises en jeu et qu'elles déterminent tous les mouvements dont il est susceptible. Le cavalier doit chercher à apprécier la valeur de ces diverses sensations, de manière à les solliciter en raison des effets qu'il veut obtenir. »

Cette équitation concordait heureusement avec l'apparition des chevaux de courses sur les hippodromes français; elle préparait des cavaliers hardis, entreprenants, aptes à fournir une longue course, à des allures allongées et vives. Elle n'emprisonnait plus l'enseignement équestre entre les quatre murs d'un manège et reléguait les airs relevés au second plan comme inutiles et même nuisibles au développement des allures du cheval. Elle assouplissait l'encolure, les épaules et les hanches du cheval, donnait à leurs mouvements toute leur extension et les mettait ainsi en *avant de la main*.

L'École de cavalerie de Saumur ressent encore la bienfaisante influence de l'enseignement de ce maître qui forma une génération d'écuyers remarquables par leur tact, leur finesse dans la conduite du cheval et leur correction élégante dans la manière de se tenir en selle.

Un écuyer d'une science profonde, M. Baucher, se proclama le champion d'une doctrine diamétralement opposée, basée sur le principe qu'il *faut détruire les forces instinctives du cheval et les remplacer par les forces transmises.*

Il assouplissait la mâchoire et l'encolure par des flexions isolées et combinées sur chacune de ces parties et il désarticulait l'arrière-main au moyen du reculer et des pirouettes. Il annihilait ainsi toute initiative du cheval, en faisant une sorte d'automate mécanique que le cavalier règle et fait mouvoir suivant son degré de tact.

Ce système, qui a produit d'excellents écuyers, exige, pour être compris, une grande pratique et un sentiment du cheval très délicat dont un petit nombre de cavaliers seulement sont capables. M. Baucher a obtenu lui-même des résultats surprenants dans le dressage de ses chevaux tels que Capitaine, Buridan et Neptune. Mais il était nécessaire d'être un écuyer aussi complet que lui pour les monter avec une grâce et une finesse aussi parfaites.

Ces deux écoles ont leurs partisans convaincus et ont longtemps divisé les hommes de cheval en deux camps rivaux.

Celle de M. le comte d'Aure est plus rationnelle et mieux appropriée aux besoins de l'équitation civile et militaire contemporaine, car elle repose sur les lois de l'organisation de l'homme et du cheval; elle est essentiellement française et a sa source dans les traditions de la vieille école de Versailles, remaniées, rajeunies et mises en concordance avec les exigences de notre époque. L'école de cavalerie de Saumur y a puisé le programme de son enseignement en y apportant quelques légères modifications sous l'habile direction du général L'Hotte et de ceux qui lui ont succédé dans le commandement de l'école.

Plus de trois cents officiers et sous-officiers suivant annuellement ses cours, propagent ces méthodes dans les régiments de cavalerie et d'artillerie et plus tard, lorsqu'ils rentrent dans la vie civile, ils font bénificier du fruit de leur solide expérience ceux qui les consultent et font ainsi pénétrer ces principes chez les jeunes gens qui désirent apprendre à monter à cheval. De cette façon, il s'est établi en France, entre les manèges civils et militaires, une sorte d'uniformité d'enseignement très efficace pour le développement et les progrès de l'Équitation.

CHAPITRE II

De l'extérieur du Cheval.

Tête. — Ses divisions. — Encolure, ses beautés et ses défauts. — Différentes parties du corps. — Garrot. — Dos. — Côtes. — Rein. — Flancs. — Ventre. — Croupe. — Queue. — Anus. — Membres antérieurs. — Épaule. — Bras. — Ars. — Avant-bras. — Coude. — Genou. — Canon. — Boulet. — Paturon. — Couronne. — Pied. — Membres postérieurs. — Hanche. — Fesse. — Cuisse. — Grasset. — Jambe. — Jarret. — Canon. — Boulet. — Paturon. — Couronne. — Organes génitaux.

Avant de commencer le dressage méthodique du cheval de selle, il est nécessaire de décrire toutes les parties extérieures de son corps et d'indiquer quelles conditions de conformation elles doivent avoir et quel degré de perfection elles doivent obtenir pour être réputées belles et constituer une monture solide, élégante, bien proportionnée et apte au service de la selle.

Le cheval se divise en deux parties : le *tronc* et les *membres*.

Le tronc comprend la *tête*, l'*encolure* et le *corps*.

A. — TÊTE

La *Tête* joue un rôle important dans les phénomènes de la locomotion. C'est une sorte de balancier dont le cheval se sert pour déplacer son centre de gravité et prendre différentes positions. Elle fournit de précieux indices pour reconnaître la race et les qualités morales ou les défauts du cheval.

Pour être belle, elle doit avoir la forme d'une pyramide quadrangulaire tronquée inférieurement, dont la face antérieure, plane supérieurement et légèrement arrondie sur le chanfrein, offre dans son étendue une grande largeur et dont la face postérieure, l'auge, est concave et profonde. L'œil doit être grand, à fleur de tête, bien ouvert, mobile et doué d'une expression pleine de douceur; les oreilles doivent être courtes et bien plantées, les naseaux larges, les lèvres minces. La peau doit être couverte de poils fins et assez transparents pour laisser apercevoir les nerfs et les vaisseaux.

Quand un cheval présente une tête atteignant ce degré de perfection, on peut être assuré que les autres parties du corps sont bien conformées. Cette tête idéale prend le nom de *tête carrée;* le chevaux arabes, ceux de pur sang et leurs produits s'en rapprochent.

Il y a d'autres conformations de tête défectueuses, telles que la *tête camuse,* la tête *busquée,* la tête *moutonnée,* la tête de *vieille* et celle de *vielle.*

Dans la tête *camuse,* la ligne qui s'étend du front au bout du nez est concave.

Dans la tête *busquée,* le chanfrein décrit une courbe en avant; les naseaux sont étroits et le cheval est prédisposé au cornage.

Dans la tête *moutonnée,* la convexité du chanfrein s'étend jusqu'au bout du nez.

La tête de *vieille* est longue, osseuse et desséchée, celle de *vielle* ressemble à cet instrument.

Les principales parties de la tête sont :

1. Le bout du nez.
2. Les lèvres.
3. Le menton.
4. Les naseaux
5. Le chanfrein
6. Les yeux
7. Les tempes.

8. Les salières.
9. Le front.
10. Le toupet.
11. Les oreilles.
12. La ganache.
13. L'auge.

B. — ENCOLURE

L'encolure comprend :

14. La crinière
15. Le gosier.
16. La trachée.
17. La veine jugul

L'*encolure* est placée entre la tête en avant et le garrot, les épaules et le poitrail, en arrière ; elle se divise en bord supérieur et bord inférieur et en côté droit et côté gauche.

Sur le bord supérieur est plantée la *crinière*, qui doit être garnie de crins fins et soyeux et d'une longueur moyenne qui sont un indice de race. Les crins touffus et épais dénotent un cheval commun.

Le *gosier* doit être large, saillant et résister à la pression de la main qui le parcourt.

La conformation de l'encolure est liée intimement aux déplacements du cheval; c'est le véritable gouvernail de la machine animale. Lorsqu'elle se porte en avant, elle décharge l'arrière-main du cheval, précipite son mouvement en avant, et accélère la vitesse de ses allures.

Lorsqu'elle reflue en arrière, elle allège l'avant-main, mais surcharge l'arrière-main et produit un ralentissement marqué dans la vitesse des allures.

Lorsqu'elle se déplace à droite, elle dégage le bipède latéral gauche, au détriment du bipède droit et inversement lorsqu'elle se déplace à gauche.

Si le cheval se prépare à ruer, il baisse la tête et l'encolure, de manière à projeter avec force ses membres postérieurs et à leur donner un mouvement brusque d'élévation qui constitue la *ruade*.

S'il veut se cabrer, il refoule au contraire l'avant-main sur l'arrière-main et produit le *cabrer*.

L'exécution de tous ces mouvements dépend donc de la position que le cheval donne à son encolure.

L'encolure, pour être belle et faciliter le dressage du cheval, doit réunir les qualités suivantes :

Elle doit être forte, souple et former une ligne horizontale, afin de pouvoir favoriser les mouvements du corps et se plier à toutes leurs exigences.

Elle ne doit être ni trop *longue* ni trop *courte*;

Trop *longue* elle est grêle, difficile à fixer et rend la conduite du cheval incertaine.

Trop *courte* elle est massive, roide et lourde à manier.

L'encolure est *droite, rouée, renversée, penchée*.

Celle qui est droite est la mieux conformée.

L'encolure rouée ou de cygne est convexe à son bord supérieur, elle communique de la souplesse et de l'élégance à l'avant-main, mais occasionne un grand ralentissement dans le développement des allures et donne au cheval une tendance à ramener démesurément la tête contre le poitrail et à s'*encapuchonner*.

L'encolure renversée ou de cerf est convexe à son bord inférieur, elle rend la conduite du cheval difficile, car le mors ne pose plus sur les barres et remonte sur les molaires; elle favorise la rapidité de ses allures, mais le fait *porter au vent*.

L'encolure est penchée lorsque le bord supérieur tombe sur un des côtés latéraux.

C. — CORPS

Le corps renferme : 1° la poitrine qui se subdivise ainsi :

18. Le garrot
19. Le dos.
20. Les côtes.
21. La veine de l'éperon.

2° le ventre, qui contient :

22. Le rein.
23. Les flancs.

24. Les parois inférieures du ventre.

3° le bassin, composé des parties ci-dessous :

25. La croupe.

26. La queue.

La *poitrine* a pour sommet le garrot; sa partie inférieure est bornée par le sternum et de

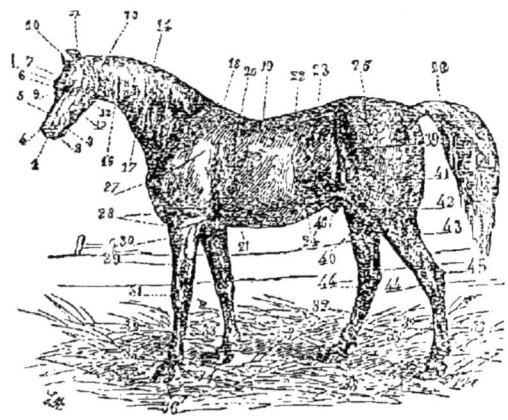

chaque côté elle est circonscrite par les côtes. Elle doit être large et profonde, afin que le cheval puisse avoir une respiration haute, puissante et énergique, qui lui permette de supporter une longue course, sans qu'il soit essoufflé et hors d'haleine

La *hauteur* de la poitrine se mesure de la base du garrot au passage des sangles.

La *profondeur* se mesure d'avant en arrière de la pointe du sternum, à la dernière côte.

La *largeur* se mesure d'une côte à celle placée symétriquement du côté opposé.

Les traces de vésicatoires ou de sinapismes qui se trahissent par la rareté des poils au passage des sangles, indiquent que le cheval a subi un traitement pour une maladie de poitrine souvent grave.

Ainsi il faut éviter de se servir d'un cheval à poitrine étroite et serrée, car il est incapable de fournir un bon service.

Le *poitrail* est situé au bas de l'encolure, entre les deux épaules, son grand développement est un signe de force et de puissance musculaire. Il ne faut pas cependant rechercher chez le cheval de selle un poitrail trop large, car il élargit la base de sustentation et paralyse la rapidité des allures.

Le *garrot* est placé entre l'encolure et le dos, au-dessus des épaules. Il doit être bien sorti et se prolonger en arrière, être net et sec. Plus le garrot est élevé, plus la tête et l'encolure sont portées avec aisance et plus leurs mouvements s'exécutent avec légèreté.

Les *épaules* ont un jeu plus étendu et plus souple, de sorte que la beauté et la puissance de l'avant-main découlent de l'élévation du garrot.

Avec un garrot bien conformé, la selle ne glisse pas et le cavalier est mieux placé à cheval.

Lorsque le garrot est bas et empâté, l'avant-main est surchargée, l'épaule est droite et courte et le cheval est lourd dans ses mouvements. Il se blesse facilement par le frottement de la selle sur cette partie.

Le *dos* est placé entre le garrot et le rein. Ses fonctions sont très importantes; il reçoit le harnachement et porte le poids du cavalier; il doit être court, large, solidement musclé et souple pour remplir son rôle. S'il est *droit* ou légèrement incliné d'arrière en avant, il est bien conformé.

Le *dos ensellé* est défectueux, c'est un indice de faiblesse, le cheval ne peut supporter un cavalier lourd ni fournir une longue course sans éprouver une grande fatigue.

Les dos de *mulet* et de *carpe* ont le défaut contraire; ils sont résistants, mais manquent de flexibilité et rendent les réactions dures et désagréables.

Les *côtes* doivent être allongées, bien cerclées et suffisamment espacées les unes des autres.

Le *rein* fait suite au dos et s'étend jusqu'à la croupe.

Il doit être droit, large et court : c'est le point de centralisation des mouvements de l'avant-main sur l'arrière-main.

La longueur du rein se mesure en plaçant le petit doigt sur la pointe de la hanche et le pouce sur la dernière côte; plus cette dimension sera petite, plus le rein sera solide.

Le rein est *bien attaché* lorsqu'il est uni à la croupe sans solution de continuité; il est mal attaché dans le cas contraire.

Pour s'assurer que cette région est bien constituée et saine, il faut la pincer entre le pouce et le premier doigt; si elle fléchit, c'est qu'elle est en bon état; si elle est insensible, c'est qu'elle est ankylosée.

Les flancs sont placés entre la dernière côte et la hanche; ils doivent être courts et pleins.

Les flancs *creux, retroussé* et *levretté* sont défectueux; ils indiquent que l'appareil digestif fonctionne mal et que les intestins sont délicats. Le cheval ne saurait fournir une course de fond; les battements de ses flancs sont irréguliers.

Lorsque les flancs battent avec des *soubresauts* violents, c'est que le cheval est atteint de *pousse*.

Le ventre est placé entre le passage des sangles, les organes génitaux et les grassets, et au-dessous des flancs et des côtes. Il doit être arrondi et suffisamment développé pour que les viscères digestifs y soient à leur aise.

Lorsque le ventre est trop volumineux, on l'appelle *ventre de vache*, il dénote une race commune ; le cheval qui mange une grande quantité de foin et certaines graines augmente de volume ; ses intestins deviennent plus gros, son ventre se gonfle et il devient impropre aux allures vives. Il est disgracieux.

Le cheval qui est levretté est dit : *étroit de boyaux*. On remédie à ce défaut en lui donnant une nourriture abondante et substantielle.

Toutefois, un grand nombre de chevaux de pur sang ont cette conformation, qui tient à leur genre d'alimentation et à leur mode d'entraînement, et n'en fournissent pas moins un bon service.

La *croupe* fait suite au rein ; elle est limitée sur les côtés par les hanches et les cuisses, et en arrière par la queue.

Elle doit être longue, large, fortement musclée et légèrement inclinée.

La croupe joue un grand rôle dans les mouvements de locomotion du cheval ; aussi, dans l'examen du cheval, il est nécessaire de l'examiner avec soin.

Lorsque la croupe est longue, large et fortement musclée, les muscles qui s'y insèrent sont longs et puissants, et la direction est favorable à la vitesse des allures. Un léger degré d'inclinaison favorise l'impulsion de l'arrière-main sur le tronc, annihile les effets des réactions et communique au cheval de la souplesse.

Une croupe *trop horizontale* nuit à la puissance de la projection et paralyse le rassembler, car elle occasionne une trop grande décomposition des forces.

Une croupe *trop avalée* nuit à l'extension des mouvements, parce que l'attache des muscles sur les cuisses n'est pas assez perpendiculaire pour agir avec puissance. C'est un signe infaillible de dégénérescence.

La *queue,* qui a pour base les os coccygiens, doit être d'une longueur moyenne, fortement attachée en haut de la croupe et être garnie de crins fins et soyoux.

L'*anus,* qui est formé par l'orifice extérieur du rectum doit être bien marronné.

Souvent, les maquignons, pour donner aux chevaux de la distinction, leur coupent quelques muscles abaisseurs de la queue (niquetage), de manière à leur faire porter droite, ou mettent dessous du gingembre ; afin de déjouer ces ruses, l'acheteur aura soin d'appuyer la main sur le haut de la queue, qui reprendra sa position normale.

On doit aussi se défier des chevaux et surtout des juments qui fouettent sans cesse leurs fesses de leur queue ; ce sont des animaux d'un tempérament irritable, nerveux et d'un dressage dangereux.

Les membres se divisent en membres *antérieurs* et en membres *postérieurs*.

D. — MEMBRES ANTÉRIEURS

Les membres antérieurs comprennent :

- 27. L'épaule.
- 28. Le bras, l'ars et sa veine.
- 29. L'avant-bras.
- 30. Le coude.
- 31. Le genou.
- 32. Le canon.
- 33. Les tendons, le boulet.
- 34. Les paturons.
- 35. La couronne.
- 36. Le pied.
- 37. La paroi du sabot.
- 38. La sole et la fourchette.

L'*épaule* a pour base le scapulum ; pour être belle, elle doit être longue, oblique d'arrière en avant et garnie de muscles puissants et bien dessinés. Plus elle est longue et oblique, plus elle embrasse de terrain et plus l'allure est rapide, car l'angle scapulo-huméral s'ouvre davantage dans le jeu d'extension du bras sur l'épaule, qui se développe dans la direction de l'encolure.

L'épaule *droite* a des mouvements raccourcis et les réactions dans les allures sont dures.

L'épaule *desséchée* manque de force.

L'épaule *chevillée* et l'épaule *froide* paralysent la franchise et la liberté des mouvements et empêchent le cheval d'embrasser un grand espace.

Le *bras* a pour base l'humérus; il doit être long et incliné dans une direction opposée à celle de l'épaule, de manière à former un angle qui s'ouvre et se ferme quand le cheval se porte en avant. L'angle de 105 degrés est le plus favorable à l'uniformité des mouvements et à la rapidité des allures. Les muscles qui l'entourent doivent être suffisamment développés.

Un bras *trop court* ne permet qu'une oscillation peu ample et raccourcit les allures.

L'*ars* est le point de jonction du bras avec le tronc.

L'*avant-bras*, formé par le radius, est placé entre le bras et le genou.

Il doit être long, bien musclé et avoir une direction verticale.

Le *coude* a pour base le cubitus.

L'apophyse olécrane qui sert à le constituer doit être longue et dégagée du corps, et placée dans un plan parallèle à l'axe du corps, afin que le membre, étant d'aplomb, puisse se mouvoir librement.

Si le coude est tourné en dehors, le cheval est *cagneux;* s'il est tourné en dedans, le cheval est *panard.* Ces défauts gênent la respiration du cheval et ralentissent ses mouvements.

Le *genou* est placé entre l'avant-bras et le canon et a pour base les sept os carpiens. Il doit être dans une direction verticale, suffisamment descendu, long, large, et ne porter aucune trace de cicatrice.

Le cheval dont le genou se porte en avant est dit *brassicourt;* il est *arqué* si cette conformation provient d'une usure prématurée.

Le *genou de bœuf* est celui qui se porte en dedans ; ces genoux défectueux entraînent chez l'animal une extrême faiblesse, compromettent sa solidité et la sécurité du cavalier.

Le *canon* a pour base les trois os du métacarpe et les tendons extenseurs du pied.

A la partie postérieure du canon s'attache un gros ligament qu'on appelle le *suspenseur du boulet,* et qui aide à la flexion des tendons inférieurs.

Le canon doit être dans une direction verticale, large et court.

Les tendons doivent être secs et bien détachés; le tendon *failli* est celui qui semble collé au canon ; c'est un signe de faiblesse.

Le canon doit être net et exempt de tares dures telles que le suros, qui généralement proviennent de coups ou sont congénitaux.

Le *boulet,* situé entre le canon et le paturon, a pour base les os de ces abouts articulaires, les deux grands sésamoïdes et les ligaments qui l'enserrent. Il doit être large, arrondi en forme d'olive et exempt de tares molles, telles que molettes simples, fusées ou chevillées, et de cicatrices qui indiquent que le cheval, serré du devant, se coupe.

Un boulet est *cerclé*, quand il est complètement entouré d'osselets. Dans ce cas, le cheval est incapable de rendre aucun service.

Le *fanon* est une houpe de poils placés à l'extrémité postérieure du boulet.

Le *paturon* est placé entre le boulet et la couronne ; il doit être large et de longueur moyenne.

Lorsqu'il dépasse cette longueur, il est dit *long-jointé ;* le cheval a des réactions douces, mais cette partie s'use vite ; lorsqu'il est plus court, le cheval est dit court-jointé et ses réactions sont dures.

Il est le siège de tares dures appelées *formes*, qui amènent souvent une boiterie incurable, et de *crevasses* qui ont pour cause un long séjour dans des endroits humides.

La *couronne* doit être unie et large.

Le pied se compose de parties *internes* et *externes*.

Les parties externes son la *muraille* du sabot, la *sole* et la *fourchette*.

Le pied, pour être beau et bien conformé, doit remplir les conditions suivantes :

La paroi est légèrement inclinée, de haut en bas et d'arrière en avant. En pince, elle forme un angle de 45 degrés avec la verticale. La corne est lisse, polie et ne doit pas être cerclée.

La sole forme une sorte de voûte et la corne en est compacte.

La fourchette est bien développée, surtout du côté des talons.

Les pieds peuvent être atteints de différentes maladies qui font boiter le cheval.

Ces maladies sont le javart, la seime, la fourchette échauffée, le crapaud, la bleime, l'oignon, le clou de rue, l'encastelure.

Les principales défectuosités du pied sont les pieds grands, petits et étroits.

Il en est d'autres, telles que les pieds *plat, comble, creux,* à *talons bas,* à *talons hauts,* à *talons serrés,* à *fourchette grasse* et *maigre,* qui exigent une ferrure spéciale et réclament des soins particuliers.

Les pieds *panard, cagneux, pinçard* et *rampin* appartiennent à cette catégorie.

Le pied doit être l'objet d'un examen minutieux de la part de l'acheteur, car un cheval n'est propre à un service régulier que si cette partie est bien conformée.

E. — MEMBRES POSTÉRIEURS.

Les membres postérieurs comprennent la *hanche,* la *fesse,* la *cuisse,* le *grasset,* la *jambe,* le *jarret,* le *canon,* le *boulet,* le *paturon,* la *couronne* et le *pied.*

La *hanche* est formée par la pointe des ilions; elle doit être saillante et bien sortie.

La *fesse* forme la partie postérieure des cuisses; elle doit être longue et bien descendue pour favoriser l'extension des mouvements et être pourvue de muscles solides.

On appelle *raie de misère* celle dont les muscles sont séparés par un profond sillon, occasionné par les privations de toutes sortes.

La *cuisse* a pour base le fémur. Plus elle est longue et inclinée d'arrière en avant, plus elle donne au membre postérieur la facilité d'embrasser beaucoup de terrain.

La *grasset* a pour base la rotule et est placé à la partie inférieure de la cuisse.

La *jambe* est placée entre la cuisse et le jarret.

La longueur de la jambe contribue à la rapidité des allures, car l'arc de cercle décrit par le tibia est en raison directe de sa longueur. Elle doit être fortement musclée, car elle remplit aux membres postérieurs les mêmes fonctions que l'avant-bras aux membres antérieurs.

Le *jarret* a pour base les six os tarsiens; il doit être épais, large, incliné, sec et net de toutes tares dures, telles que : *éparvins, jardes* et *jardons*, et toutes tares molles, telles que : *capelets* et *vessigons articulaires* ou *tendineux*.

En effet, il est le centre des mouvements de tous les rayons du membre postérieur.

Les jarrets *droit, coudé, étranglé*, sont défectueux et ne sont pas favorables au développement des mouvements, parce que le calcanéum, situé à la pointe du jarret, forme un levier plus court et une poulie de renvoi moins accusée.

Les descriptions que nous avons données pour la partie inférieure des membres antérieurs s'appliquent exactement aux parties analogues des membres postérieurs.

Les organes génitaux du mâle sont :

40. Le fourreau.
  Le pénis
  Les testicules } Ces organes sont cachés dans le dessin du présent chapitre.

Les organes génitaux de la femelle sont :

La vulve
Les mamelles } Ne sont pas figurés dans le dessin.

Dès que l'élève cavalier connaît les différentes parties du corps du cheval, que nous avons énumérées dans cette étude sommaire, il est suffisamment préparé à monter à cheval et peut, sans hésitation, commencer à se mettre en selle et passer à la pratique de l'Équitation.

CHAPITRE III

Principes généraux de l'Instruction du Cavalier.

Se mettre en selle. — Assouplissements. — Marcher au pas, au trop et au galop, le cheval étant tenu par une longe. — Marcher aux trois allures sans le secours de la longe. — De l'effet des rênes. — De l'usage et de l'emploi des jambes.

L'équitation consiste, pour le cavalier, à avoir à cheval une position à la fois solide et élégante, une tenue correcte, et à tirer le meilleur parti possible des chevaux qui sont entre ses mains.

On peut, sans prétendre devenir un écuyer parfait, arriver à se servir d'un cheval d'une manière convenable. Pour obtenir ce résultat, il faut être doué de certaines dispositions naturelles et montrer de la bonne volonté et de l'énergie ; en un mot, il faut, surtout dans les premiers mois, monter chaque jour à cheval et écouter les conseils de ceux qui vous dirigent.

C'est dans le jeune âge que l'homme est le plus apte à faire ses classes d'élève cavalier, car il est souple, plein d'ardeur et de hardiesse et se plie mieux aux exigences des premières leçons souvent arides et peu agréables à suivre.

Toutefois on peut encore dans un âge mûr, (jusqu'à 30 ans par exemple) en se soumettant à des exercices d'assouplissement variés et à une gymnastique sévère, apprendre à monter à cheval.

Nous supposerons que notre élève est âgé d'une vingtaine d'années et n'a jamais connu les principes les plus élémentaires de l'art équestre.

Son intelligence lui permet de comprendre facilement les leçons qui lui sont journellement données par un maître, et sa vigueur physique lui en assure l'application immédiate

L'élève cavalier ne doit avoir aucune appréhension du cheval, ni redouter les chutes qui peuvent résulter de son inexpérience. Il doit montrer une entière confiance et regarder sa monture, non comme un ennemi qui a hâte de se débarrasser de lui par une défense (*écart, ruade* ou *cabrer*), mais comme un ami qui ne cherche qu'à gagner ses faveurs et à se soumettre à ses moindres désirs s'ils se traduisent par des moyens rationnels et sont réalisables.

Si le jeune cavalier est soutenu par ces principes et ne s'en écarte pas, il n'a plus à hésiter à s'initier aux secrets de l'équitation ; il possède les qualités nécessaires pour devenir un cavalier habile.

Le débutant qui n'a jamais monté à cheval doit travailler dans un manège dont le sol est recouvert d'un épais tapis de sable ou de sciure de bois, afin d'amortir les chutes qui peuvent se produire dans les commencements.

Il doit être revêtu d'un costume léger et commode qui ne gêne pas la liberté de ses mouvements, tel qu'un veston ou une redingote boutonnée, avoir des bottes non éperonnées ou un pantalon long fixé par des sous-pieds, afin que ses plis n'occasionnent pas des excoriations aux genoux et aux jambes.

L'instructeur a soin de lui choisir un cheval calme, tranquille, aux réactions douces, habitué à ne pas bouger, même sous la pression des déplacements d'assiette ou les tractions de rêne irrégulières.

Il le fait mettre en selle et lui interdit l'usage des étriers qui sont retirés ou croisés sur l'encolure.

Aucun exercice ne détruit plus la raideur, n'assouplit plus les différentes parties du corps, que la privation d'étriers.

Au pas comme au trot et au galop, les jambes s'allongent naturellement par leur propre poids, les fesses portent d'aplomb sur la selle, le haut du corps se place exactement dans l'axe du cheval, prend peu à peu l'équilibre qui lui est nécessaire pour ne pencher ni à droite ni à gauche et se maintenir dans une position verticale.

De cette façon, le cavalier acquiert une assiette solide ; il s'accoutume à se tenir à cheval en serrant contre le quartier de la selle, la partie comprise entre le haut de la cuisse et le genou et en se servant du haut de son corps comme d'un balancier qui se meut au gré des différents mouvements du cheval et les facilite.

Il doit éviter de chercher dans les rênes un point d'appui et un moyen de tenue. L'instructeur, à cet effet, lui fait souvent abandonner les rênes, lui enjoint de laisser tomber les mains sur le côté, en arrière des cuisses ou de croiser les bras sur la poitrine.

Il prescrit quelques assouplissements simples, d'abord de pied ferme, puis ensuite au pas, surtout des flexions du rein en arrière pour leur communiquer du liant et de la souplesse.

Plus le rein est souple, plus la position est gracieuse et communique au cavalier la facilité de se lier aux divers mouvements de sa monture et de résister à la dureté de ses brusques réactions.

Le corps est si intimement uni à celui du cheval qu'il semble en faire partie intégrante et former un tout harmonique et indivisible.

Pendant les premières leçons, l'instructeur tient le cheval, muni d'un caveçon, par une longe et marche à hauteur de l'élève qu'il fortifie de ses conseils.

Il faut marcher longtemps au pas, afin de mettre le débutant en confiance et de l'habituer aux mouvements du cheval.

L'instructeur fait exécuter au cheval de fréquents départs et arrêts et exige que l'élève ne se déplace pas ; il lui recommande d'incliner légèrement le corps en avant au moment du départ et de le pencher sensiblement en arrière au moment de l'arrêt.

Lorsque l'élève ne manifeste plus aucune appréhension au pas et a pris suffisamment le contact du cheval, il abandonne la longe et lui laisse faire seul le tour de la piste, en le suivant pas à pas.

Il procède pour le trot de la même manière : il tient le cheval, marche à ses côtés et surveille l'assiette du cavalier auquel il prescrit de ne pas se contracter et de relâcher toutes les parties du corps afin de n'obtenir de l'équilibre que par leur souplesse.

Souvent le cavalier se roidit, se cramponne au pommeau, avec les deux mains en penchant le corps en avant, serre fiévreusement sa monture entre les jambes; cette position défectueuse est quelquefois suivie de chute.

L'instructeur devra faire passer au pas le cheval et ne fera reprendre le trot que lorsque l'élève se sera remis de sa passagère émotion et aura rétabli son assiette momentanément détruite.

C'est en rejetant le corps en arrière que l'élève résistera le plus aisément aux réactions du cheval, car le haut du corps sera plus près du centre de gravité et de la base de sustentation que s'il était droit ou porté en avant.

Le cavalier ne conduira son cheval seul au trot que lorsqu'il sera assez maître de son assiette pour ne pas redouter des déplacements trop grands qui amèneraient infailliblement une chute. Il devra trotter sur de longues lignes droites et ce n'est qu'après plusieurs leçons qu'il pourra passer les coins à cette allure.

Il répétera au trot les assouplissements prescrits de pied ferme et au pas et pourra y ajouter des élévations des cuisses qui obligent à chercher le fond de la selle et à s'asseoir solidement.

Lorsque les allures du pas et du trot sont suffisamment connues et que leur application s'opère régulièrement, l'instructeur apprend à l'élève à supporter le galop.

A cet effet, il tient le cheval à la longe et le détermine à prendre le galop sur un cercle de quatre à cinq mètres de rayon.

Le cavalier a soin d'incliner le corps dans l'intérieur du cercle et de se lier aux mouvements du cheval en évitant de balancer les jambes et en fixant les genoux à la selle.

Dans cette marche circulaire, il ne sollicite pas des changements de pied que son ignorance des moyens de conduite pourrait amener et échappe aux déplacements d'assiette qui résulteraient d'une augmentation d'allure ou d'un écart du cheval, car l'instructeur à l'aide du caveçon règle l'allure ou degré qu'il juge convenable et la proportionne aux progrès accomplis par son élève.

Il fait exécuter le galop alternativement aux deux mains.

Lorsque l'élève cavalier sait se tenir à cheval au pas, au trot, au galop sans perdre l'équilibre et en montrant une certaine assurance, l'instructeur lui apprend la manière de tenir les rênes de filet et les moyens les plus simples de laisser son cheval s'échapper en avant, de l'arrêter, de tourner à droite ou à gauche.

L'élève prend une rêne de filet dans chaque main et les maintient égales.

Lorsqu'il veut se porter en avant, il baisse les poignets, de manière à laisser l'encolure du cheval se détendre et à produire le mouvement en avant qu'il aide par une double pression des jambes.

Lorsqu'il veut arrêter, il élève les poignets, de manière à ramener la tête sur l'encolure, à refouler le poids de l'avant-main sur l'arrière-main et à déterminer l'arrêt.

Lorsqu'il veut tourner à droite, il porte le poignet droit à droite et attire la tête et l'encolure de ce côté, en ayant soin de fermer les jambes, qui soutiennent le mouvement.

Lorsqu'il veut tourner à gauche il porte le poignet gauche à gauche et attire la tête et l'encolure de ce côté ; il tient les jambes près du corps du cheval.

Ces divers mouvements de rênes sont exécutés aux trois allures ; plus l'allure est vive, plus la traction est grande. Ainsi pour arrêter un cheval qui marche au trot, il faut exercer une traction sur les rênes plus énergique que s'il marche au pas, parce que l'impulsion communiquée à l'avant-main et à l'arrière-main est plus forte et plus difficile à détruire. Il en est de même pour l'allure du galop, qui exige pour être paralysée une plus puissante traction que celle du pas et du trot.

De cette façon, l'élève apprend à proportionner les effets des rênes à la vitesse des différentes allures du cheval, de manière à en rendre l'emploi efficace.

L'instructeur lui explique sommairement l'usage des jambes et leur action combinée avec celle des rênes.

A cet effet, il lui montre qu'en fermant les deux jambes également sur le cheval de pied ferme, celui-ci se porte immédiatement en avant et allonge sensiblement son allure, s'il est au pas, au trot ou au galop.

Il lui fait appuyer seulement la jambe droite en arrière des sangles afin de provoquer un déplacement des hanches du cheval à gauche et ensuite la jambe gauche afin de jeter les hanches à droite.

Lorsque l'élève a bien compris les effets qu'il obtient par la pression de ses jambes, il en fait une application constante dans l'exécution des mouvements qu'il exige du cheval et leur donne ainsi plus de régularité.

Ces leçons élémentaires et pratiques ont pour but d'assouplir le cavalier, de le mettre en confiance, d'assurer son assiette et de le familiariser avec les principaux mouvements du cheval. Elles sont une sorte d'initiation à la science équestre dont il pourra comprendre et appliquer les principes rationnels et complexes développés méthodiquement dans les chapitres suivants.

CHAPITRE IV

Premiers éléments de dressage du cheval.

De l'âge où commence le dressage du poulain. — Caveçon. — Longe. — Chambrière. — Travail sur le cercle aux deux mains, au pas, au trot et au galop. — Principes et résultats du travail à la longe.

Le cavalier qui a assisté assidûment aux nombreuses séances de manège prescrites dans le chapitre précédent et a écouté avec attention les excellents conseils de l'écuyer chargé de l'instruire, possède des notions suffisantes sur le cheval et la manière de le diriger, pour en entreprendre lui-même le dressage rationnel et le mener à bonne fin. Il achève et perfectionne en même temps son éducation et son instruction équestre par une progression lente et méthodique.

Le dressage du cheval de selle réclame une progression minutieuse et une patience à toute épreuve de la part de celui qui en a la direction, et surtout doit être commencé de bonne heure.

C'est lorsque le poulain est encore allaité par sa mère qu'il faut en ébaucher les premiers principes. Après sa naissance, il suit sa mère pas à pas sans la quitter un seul instant. Elle, de son côté, le surveille avec une active sollicitude, pourvoit aux besoins multiples de son jeune âge et l'entoure de soins empressés. Peu à peu, le poulain grandit, se développe, et ses muscles se consolident.

Toutefois, il a une sorte de crainte instinctive de l'homme et se sauve à son approche en gambadant. Cette tendance doit être combattue immédiatement. La condition essentielle qui doit être exigée de l'animal qui va être mis en dressage, c'est qu'il ne redoute pas le contact de l'homme, s'y habitue et arrive même à le rechercher.

Pour obtenir ce résultat, il est nécessaire d'aller plusieurs fois par jour voir le poulain dans le box où il est enfermé avec sa mère, de lui donner une poignée d'avoine avec la main, qu'on passe ensuite légèrement sur la tête, l'encolure et le dos; de lui parler sur un ton peu élevé, en un mot, de l'accabler de tant de caresses qu'il finisse par se familiariser avec son maître.

Cette manière de procéder devra être répétée lorsqu'il sera placé au pâturage. Quand l'heure a sonné de rentrer la jument à l'écurie pour qu'elle y mange sa ration d'avoine et s'y repose, l'homme se présentera à la barrière, y appellera de la voix le poulain, qui, au bout de quelques jours de ce système, n'hésitera plus à se précipiter avec sa mère à sa rencontre, sentant les caresses qui lui seront prodiguées et l'avoine qui lui sera distribuée à sa rentrée au box.

Le poulain commence à prendre confiance, à s'accoutumer aux attouchements de l'homme et à se plaire dans sa société. Alors on lui apprendra peu à peu à subir les frottements de la brosse en crin ou en chiendent et à être pansé. La brosse ne sera pas rigide, afin d'éviter d'irriter l'épiderme et de l'écorcher. Au début, on se sert seulement d'une serviette ou d'une époussette en cuir souple, qui lisse les poils sans énerver l'animal, puis on lève alternativement chaque pied avec précaution, on frappe légèrement la corne avec le dos de la brosse, afin de l'habituer à supporter les secousses de toutes les opérations du ferrage. Souvent, le cheval devient difficile à ferrer, fait courir de sérieux dangers au maréchal par ses ruades et ses défenses, parce qu'on a négligé ces exercices préparatoires.

Dès que le poulain a atteint l'âge d'un an, on garnit sa tête d'un licol en cuir mince, et on l'attache à la mangeoire; on le mène au pâturage en le tenant par la longe qui est retirée à son entrée dans le pré afin qu'il jouisse d'une entière liberté et s'y livre à tous les écarts d'une joie exubérante.

Là, le poulain, n'étant gêné par aucune contrainte extérieure, gagne en force et en énergie; il marche tantôt au pas, tantôt au trot, le plus souvent il galope, et comme le terrain uni et moelleux comme un tapis cède sous ses pieds, il ne risque pas de s'y engorger les membres par des tares molles ou osseuses.

Les courses à travers les prés lui sont au contraire d'un effet très salutaire. Elles activent sa respiration, fortifient les muscles de l'avant-main et de l'arrière-main, soudent les articulations; enfin elles développent les moyens de locomotion et favorisent le mécanisme naissant des allures.

Vers deux ans, le poulain est pourvu d'un bridon, au mors brisé, à gros canons, doux à la bouche, ajusté largement pour ne pas comprimer la nuque et les commissures des lèvres et est ainsi conduit au dehors en ayant soin de laisser aux rênes de bridon une longueur de 50 centimètres.

Dans les premiers essais de conduite en bridon, il faut se faire suivre d'un aide muni d'une cravache ou d'une chambrière, qui frappera légèrement le cheval sur la croupe, dans le cas où il opposerait une vive résistance à son conducteur en reculant ou en se jetant de côté par bonds. S'il se jette en avant en prenant le galop, il faut le calmer en saisissant fortement les rênes près de la bouche et en lui imprimant de petites secousses.

A quel âge le cheval de selle doit-il être initié aux principes d'un dressage rationnel poussé à ses dernières limites?

L'âge le plus propre pour *débourrer* un cheval et le mettre dans les conditions les plus favorables et les meilleures dispositions à profiter des leçons qui lui seront données dépend de sa race, de son tempérament, de son mode d'élevage et de l'usage auquel on le destine.

Un cheval de pur sang ou très près du sang, qui a mangé de l'avoine quelques semaines après sa naissance, est doué d'un tempérament nerveux, peut à dix-huit mois être monté ; c'est d'ailleurs le cas des chevaux de courses qui, à deux ans, ont subi un entraînement suffisant pour parcourir au galop 2.500 à 4.000 mètres à de très grandes vitesses et sans fatigue. Il n'en est pas de même d'un cheval de race commune, lymphatique, qui, nourri dans les prés et les jachères, ne reçoit d'autre nourriture que celle qu'il y trouve, et, privé d'avoine pendant les premières années, n'a pas une constitution assez robuste pour être mis en service avant cinq ans.

Tout poulain, issu de bonnes races françaises de selle, qui ne manque ni de cachet ni de distinction, et a acquis par une nourriture substantielle une charpente osseuse, des muscles saillants et de bonnes proportions peut être, sans inconvénient, mis en dressage à cinq ans.

Les chevaux normands, bretons, poitevins, limousins, ardennais, de Tarbes, qui constituent les produits de notre industrie chevaline, appartiennent à cette catégorie.

Le cheval de cinq ans dispose de toutes ses forces musculaires qui ont atteint leur complet développement et est apte à recevoir les leçons d'un maître sage.

La qualité la plus importante à exiger de l'animal, c'est la franchise d'impulsion. C'est à le faire porter en avant, en donnant à ses mouvements le plus d'extension possible, que doit tendre le cavalier.

Tout le dressage est dans cette formule.

Les moyens à employer se résument dans un assouplissement méthodique du cheval qui doit être équilibré dans toutes ses allures et obéir avec légèreté à toutes les exigences exprimées par les mains et les jambes de celui qui le monte.

Le travail à la longe a pour but d'assouplir les épaules du cheval, de donner à ses allures une cadence régulière et de lui faire dépenser l'excédent de ses forces.

Ce travail doit être exécuté soit dans un manège fermé, soit dans un terrain clos, au sol uni et doux, afin qu'il ne soit pas distrait par les objets du dehors, tels que personnes, voitures, et ne soit pas effrayé par leur apparition subite et leurs bruits insolites. De cette façon, l'attention de l'élève sera tenue en suspens et éveillée par les indications précises du maître et de son aide. Pour ces leçons préliminaires, il est nécessaire que le cavalier soit assisté d'un aide adroit, calme, qui manie la cravache et la chambrière, et lui prête un appui intelligent.

Le caveçon devra être ajusté de manière que la muserolle, placée à deux doigts de l'extrémité inférieure des os du nez, ne gêne pas la respiration en pressant les cartilages, et soit assez éloignée des yeux pour ne pas les offenser; la boucle ne sera pas trop serrée ainsi que celle de la sous-gorge. La longe, fixée à l'anneau de la muserolle, doit avoir de 8 à 9 mètres de longueur. Sous le caveçon est un bridon.

Le cavalier, tenant de la main droite les rênes du bridon passées sur l'encolure du cheval et de la main gauche la longe enroulée, détermine le cheval à se porter en avant (à main gauche). Dès qu'il obéit à ce mouvement, il déploie peu à peu la longe et forme le centre d'un cercle d'environ 8 mètres de diamètre. L'aide se place derrière la corde et suit le cheval à quelques pas sur un cercle parallèle en l'excitant de la voix et de la chambrière, s'il refuse de marcher et veut ou se jeter en dehors du cercle ou rentrer à l'intérieur. Lorsque l'élève a fait quelques pas, on l'arrête en criant : holà! et en accompagnant cette interpellation d'une saccade, en cas de refus d'obéissance. Cette saccade légère s'applique en élevant la main en l'air et en l'abaissant brusquement par une secousse de bas en haut. Le caveçon est un instrument dur et dangereux entre des mains inhabiles; il doit être employé avec tact et légèreté; sans cela il inspire à l'élève une telle défiance qu'il se débat contre son action, devient rétif et perd le fruit des leçons antérieures si longuement acquises. Le cavalier fait exécuter au cheval plusieurs tours d'abord au pas, ensuite au trot à la même main, et lorsque ce dernier marche avec franchise et se livre avec confiance, il raccourcit la longe, l'attire à lui, le caresse et le met sur l'autre main (à main droite), où il recommence la série des exercices précédents en suivant rigoureusement la même progression.

Le pas, le trot et le galop sont ainsi enseignés au cheval et ces allures sont ainsi réglées au degré voulu. Chaque allure doit être entamée lentement et ne doit parvenir à sa vitesse normale qu'après quelques foulées; elle ne doit pas être diminuée brusquement; elle s'éteint pour ainsi dire d'elle-même par un ralentissement graduel des derniers pas. Ainsi, pour prendre le galop, le cheval se met en mouvement au pas, l'allonge jusqu'à ce qu'il passe au trot, puis soit obligé de partir au galop.

Pour passer du galop au pas, la progression inverse a lieu. Il serait d'un effet déplorable d'arrêter le cheval court et de l'asseoir sur les jarrets ; car ses membres postérieurs prématurément tarés et usés seraient impuissants à répondre aux mouvements de l'avant-main et à fournir un long service.

On ne cesse ce travail que lorsque l'élève exécute aux deux mains, sur des cercles plus ou moins rétrécis, les départs, les marches et les arrêts aux trois allures, obéit à toutes les indications de la voix et de la chambrière, et modifie la vitesse de ces allures, les ralentit, les allonge sans brusquerie et sans à-coups avec aisance, et arrive à se maintenir droit après chaque arrêt.

Afin d'habituer le cheval à sentir la pression des sangles, on pose doucement un surfaix sur son dos et on serre suffisamment les contre-sanglons pour qu'il ne tourne pas et ne se déplace pas, car un mouvement brusque effrayerait le cheval.

CHAPITRE V

Du Harnachement.

Composition du harnachement. — Bride anglaise. — Ses différentes parties. — Montants. — Dessus de tête. — Rênes. — Mors de bride et mors de filet. — De l'effet du mors de bride suivant sa forme. — Manière de brider un cheval. — Selle. — Sa composition. — Arçons. — Bandes. — Siège. — Panneaux. — Quartiers et faux quartiers. — Contre-sanglons. — Accessoires. — Étrivières et Étriers. — Manière de seller et desseller un cheval. — Emploi du harnachement pendant les premières leçons du dressage.

Le cheval étant en confiance, sachant se mouvoir aisément aux trois allures et ayant acquis par ces exercices prolongés une puissance musculaire assez forte pour le rendre apte à supporter le poids d'un cavalier, est revêtu d'un harnachement composé d'une *bride* et d'une *selle* anglaises dont nous donnerons une sommaire description.

DE LA BRIDE

La bride anglaise est en cuir fauve. Elle comprend de chaque côté deux montants : le montant de bride et celui du filet, engagés dans les œillets du frontal et reliés chacun à un dessus de tête. Aux montants de bride est fixé le mors de bride par deux branches; à ceux de filet est attaché le mors de filet; une sous-gorge fixée au-dessus de la tête de la bride, une muserolle, une sous-barbe, un frontal, complètent ces pièces du harnachement.

Les rênes de filet sont plus longues et plus épaisses que celles de la bride.

Le mors de bride en acier poli se divise en embouchure et branches.

L'*embouchure*, placée dans la bouche du cheval, se subdivise en *canons, liberté de langue*.

Les *canons* agissent sur les barres; plus ils sont gros et ronds, plus ils sont doux à la bouche du cheval et moins ils lui causent une douloureuse impression.

La *liberté de langue* est une sorte d'arcade destinée au logement de la langue; plus elle est basse et petite, moins elle agit sur le palais.

Les *branches* servent à faire agir l'*embouchure* et le *canon;* elles sont réunies aux canons par les *fonceaux*. De leur longueur dépend la puissance du mors. Elles portent à leur extrémité inférieure deux anneaux porte-rênes.

La gourmette est une chaîne composée de mailles, maillons, d'un S et d'un crochet.

Le mors du filet est formé de deux canons minces, s'articulant à double brisure et terminés par deux anneaux où les montants et les rênes sont bouclés.

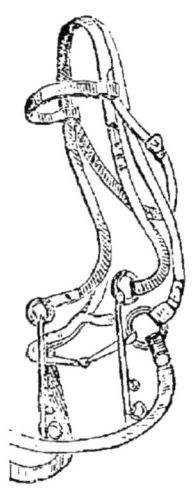

Telle est la nomenclature des différentes parties de la bride. Nous examinerons comment elle doit être placée pour être convenablement ajustée, quelle doit être son action sur la bouche du cheval et l'influence qu'elle exerce comme moyen de conduite, suivant sa forme et son emploi.

Une bride est bien ajustée, lorsque les montants longent les joues, que la sous-gorge laisse passer deux doigts entre elle et la gorge, que le mors de bride repose d'aplomb sur le milieu des barres et celui du filet un peu au-dessus du précédent, que la gourmette, mise sur son plat, est suffisamment séparée de la barbe.

En effet, une sous-gorge trop serrée arrête la circulation, empêche la respiration et peut amener le cornage.

Une gourmette trop serrée blesse la barbe.

Un mors placé trop bas n'exerce aucune action sur les barres; placé trop haut, il plisse la commissure des lèvres et son effet est nul.

Le mors de bride agit sur la bouche du cheval par un levier du deuxième genre; la puissance est à l'extrémité inférieure des branches, représentée par les rênes, le point d'appui à l'anneau du porte-mors et la résistance à l'endroit où le canon appuie sur les barres.

Son action varie suivant : 1° la longueur et la direction de la partie supérieure et de la partie inférieure des branches; 2° le diamètre des canons; 3° la hauteur de la liberté de langue; 4° le degré de tension de la gourmette.

Emboucher le cheval, c'est approprier son mors à la conformation et aux qualités de sa bouche.

Un examen attentif de la bouche du cheval suffira pour faire juger quel est le mors qui lui convient le mieux et est le plus propre à le diriger.

Si le cheval a les barres tranchantes et osseuses, les lèvres minces, il est nécessaire de lui mettre un mors doux, à gros canons ronds, sans liberté de langue, à branches courtes, car sa bouche est sensible et ressent les effets les plus légers des rênes.

Si, au contraire, le cheval a les barres arrondies et les lèvres épaisses, il faut employer un mors à canons petits, pleins et anguleux, à grande liberté de langue et à branches longues, en ayant soin de serrer la gourmette. On exerce ainsi sur la bouche presque insensible une puissante et énergique action et on remédie ainsi à son défaut de conformation.

En général, il vaut mieux se servir d'un mors de bride *doux* qui communique à l'avant-main du cheval de la grâce et de la légèreté que d'un mors dur dont il cherche à se débarrasser en secouant la tête.

Le *mors de filet* ne doit être ni trop gros ni trop mince; trop gros, il n'aurait aucune action sur la commissure des lèvres, trop mince, il la couperait; d'une grosseur moyenne, il est goûté par l'animal, qui prend volontiers un point d'appui dessus et répond à ses indications. C'est un auxiliaire indispensable du mors de bride, dont il prépare adoucit et corrige les effets.

La bride a comme accessoires : 1° la *martingale à anneaux* dont la longe se bifurque environ aux deux tiers de sa longueur et reçoit aux extrémités de ses deux tiges un anneau qui donne passage aux rênes du filet ; elle est maintenue par un collier entourant la base de l'encolure ; 2° une *fausse gourmette ;* c'est une lanière de cuir fixée par un bout à l'œillet ouvert au bas de la branche droite du mors, pendant que l'autre bout s'attache à une boucle placée à un œil au bas de la branche gauche de la même manière, après avoir traversé un maillon du centre de la gourmette.

La martingale d'anneaux empêche le cheval de porter au vent et fixe sa tête dans une position normale.

La fausse gourmette l'empêche de saisir les branches du mors avec les dents.

Manière de brider un cheval. — Pour brider un cheval, le cavalier s'approche doucement du cheval du côté montoir, le caresse et se place à hauteur de sa tête ; il passe avec la main droite les rênes de la bride et du filet par-dessus l'encolure du cheval, saisit la bride à la têtière avec la même main, l'élève à la hauteur et en avant de la tête du cheval, prend avec la main gauche les deux mors, les engage dans la bouche du cheval en ayant soin de placer le mors du filet au-dessus de celui de la bride, passe les oreilles entre le frontal et le dessus de tête, dégage les crins du toupet, boucle la sous-gorge et accroche la gourmette, en veillant à ce qu'elle soit placée sur son plat.

Pour débrider le cheval, on opère inversement.

DE LA SELLE

La *selle anglaise* est la plus commode pour le cavalier dont elle ne gêne pas les mouvements, et la plus légère pour le cheval qu'elle ne surcharge pas et qu'elle n'emprisonne pas entre un poitrail et une croupière, comme l'ancienne selle à la française. Elle est d'un usage général.

Elle se divise en *corps de selle* et *accessoires*.

Le corps de selle renferme les *arçons*, les *bandes*, le *siège*, les *panneaux*, les *quartiers*, les *faux-quartiers* et les *contre-sanglons*.

Les accessoires sont les *sangles*, les *étrivières* et les *étriers*.

L'*arçon* est la charpente en bois qui donne à la selle sa rigidité et sa forme; il est fait en bois de hêtre et comprend l'*arcade,* le *troussequin* et les *bandes.*

L'*arcade* sert de base par sa partie supérieure au *pommeau* et forme par sa partie inférieure une voûte nommée *liberté de garrot*.

Le *troussequin* domine l'arçon postérieur et présente inférieurement une voûte nommée *liberté de rognon*.

Les *bandes* sont deux pièces de bois plates et larges d'environ trois doigts, reliant l'arcade au troussequin et portant également le long du dos

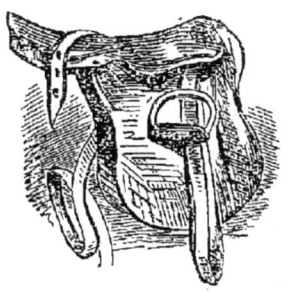

du cheval de manière à laisser entre elles un espace libre où se loge l'épine dorsale.

Le *siège* est la partie sur laquelle est assis le cavalier ; il est en peau de cochon.

Les *panneaux* sont deux coussinets de toile ou de flanelle rembourrés, fixés au-dessous de la selle et mis en contact avec le dos du cheval pour préserver son garrot, son rein et ses côtes du frottement des arçons.

Les *quartiers* sont deux larges pièces en cuir de vache souple s'interposant entre le cavalier et le cheval; au-dessous d'eux sont les *faux-quartiers* qui protègent le cheval contre les boucles des sangles.

Les *contre-sanglons*, fixés au-dessous des faux-quartiers, servent à attacher la boucle des sangles.

Les *sangles* sont de larges bandes en tissu de fil ou en corde, portant à chaque extrémité un boucleteau en cuir et servant à maintenir la selle en place.

Les *étrivières* supportent les étriers et sont fixées à la selle par des porte-étrivières à ressort.

Les *étriers* sont en fer poli ou en acier; on y distingue l'œil, les branches et la semelle.

Quelquefois, entre la selle et le dos du cheval, on interpose un *tapis de feutre* ou de *cuir* souple de la même dimension que les panneaux, destiné à adoucir le contact de la selle et à protéger plus efficacement le dos du cheval.

La selle a une influence considérable sur la santé du cheval, car bien ou mal ajustée, elle contribue à son prompt dressage ou le met hors de service par les blessures dont elle le couvre.

Pour être bien ajustée, la selle doit avoir une liberté de garrot et de rognon assez large et assez haute pour ne pas contusionner ces parties; les bandes doivent porter dans toute leur étendue à deux travers de doigts de l'épine dorsale; elle doit avoir une position horizontale et les sangles doivent être assez longues pour être bouclées au-dessus des faux-quartiers et être modérément serrées.

Elle ne doit être placée ni trop en avant ni trop en arrière.

Dans le premier cas elle surchargerait l'avant-main du cheval, le ferait buter et tomber, et le blesserait au garrot; dans le second cas, elle alourdirait l'arrière-main et occasionnerait le mal de rognon.

La forme et l'emplacement de la selle dépendent de la conformation du cheval qui peut être ensellé ou avoir le dos de carpe.

Lorsque le cavalier selle son cheval, il doit observer les prescriptions suivantes : il approche du cheval par le côté montoir, place le tapis de feutre (s'il y en a) en lissant le poil d'avant en arrière, prend la selle de la main gauche à l'arcade de devant et de la main droite sous le troussequin et la place doucement sur le dos du cheval. Puis il serre les sangles sans brusquerie et place les étrivières munies des étriers dans les porte-étrivières.

Le cheval est dessellé en débouclant d'abord les

sangles et en retirant la selle de son dos avec précaution.

Lorsque le cheval a été ainsi harnaché avec soin, il faut le faire de nouveau travailler à la longe, afin qu'il s'habitue à supporter le poids de la selle et de la bride avec aisance et facilité. Dans les premiers exercices, on peut enlever les étriers et les croiser sur l'encolure, afin que leurs battements contre les côtes du cheval n'excitent pas son irritabilité et ne le poussent pas à des bonds et à des écarts produits par un déplorable affolement.

Après quelques séances, il est assez accoutumé aux frottements du harnachement et n'oppose plus aucune résistance. Il est utile, alors, de continuer le travail, en mettant en selle un cavalier d'un poids très léger, qui, ne chaussant pas les étriers, se laisse aller aux mouvements du cheval, sans lui faire sentir la traction des rênes ni la pression des jambes.

On le fait marcher longtemps au pas, afin qu'il se familiarise avec son nouveau fardeau ; on l'arrête, puis on le caresse.

Du pas, on passe progressivement au trot et au galop. Alors, le cavalier peut prendre dans chaque main une rêne de filet et opérer sur sa bouche d'imperceptibles tractions qui initieront le cheval aux effets du mors et lui en apprendront l'usage.

Il faut veiller à ce que l'animal ne contracte pas la mâchoire et ne tente pas d'échapper à cette action du mors par des mouvements désordonnés de la tête. De légères saccades du caveçon réprimeront ces velléités de résistance, inévitables au début.

A la fin de ces leçons, un homme d'écurie, dévoué et intelligent, prend le cheval par le caveçon et les rênes de filet et le promène pendant une demi-heure, à une certaine distance du manège ou du terrain clos, sur une route, afin que la vue des objets extérieurs et le bruit des voitures lui deviennent familiers dans la suite et ne le rendent pas peureux et ombrageux, lorsqu'il sera appelé à être monté au dehors.

Chaque fois que son attention est surprise par quelque objet nouveau et inattendu, qu'il manifeste de l'appréhension par un arrêt, un reculer ou un écart brusques, son conducteur le caresse et l'attire lentement sur l'objet en l'interpellant doucement de la voix, afin de lui faire comprendre combien sa crainte est peu fondée.

Chaque exercice est fait progressivement, et le cavalier ne passe à un autre que lorsque le précédent est bien compris et exécuté avec calme.

4.

Afin d'obtenir la mise en main de pied ferme, le cavalier se place devant le cheval, saisit les rênes de la bride avec la main droite à vingt-cinq centimètres du mors et fait agir doucement le mors de bride sur les barres.

Aussitôt que le cheval sent cette tension du mors de bride, il résiste, tient la bouche fermée et contracte sa mâchoire et son encolure. Après quelques leçons, toute raideur disparaît peu à peu, et alors la bouche s'ouvre, les mâchoires se décontractent, la tête se ramène, l'encolure se roue et la mise en main est obtenue, car le cheval cède à la main de bride et mâche son mors.

Il est nécessaire d'assouplir complètement le jeune cheval, avant de le monter, et de le ramener de pied ferme.

A cet effet on frappe le cheval sur le poitrail pour le faire marcher et on lui donne de petits coups de cravache sur la croupe pour l'obliger à engager l'arrière-main sous l'avant-main et à se rassembler.

L'arrière-main ayant une force musculaire plus grande que l'avant-main reçoit une part du poids de celle-ci qu'elle dégage et rend plus légère.

Le cheval se trouve ainsi sur les hanches et s'équilibre naturellement par une exacte réparti-

DU HARNACHEMENT

tion de son poids sur ses membres antérieurs et postérieurs.

L'encolure du cheval est assouplie par des flexions à droite et à gauche.

A cet effet, le cavalier saisit la rêne droite de la bride, au-dessus de l'encolure avec la main droite et la tend pendant que la main gauche tient la rêne gauche près du mors. Il attire la tête et l'encolure à droite en tirant sur la rêne droite et aide cette action avec la main gauche qui pousse la tête de ce côté.

Pour plier l'encolure à gauche, on emploie les mêmes principes et les moyens inverses.

Lorsque le cheval sent les effets du mors de bride, s'y soumet et a l'encolure mobile et souple, 1 a déjà réalisé de sérieux progrès et est suffisamment préparé à être monté.

CHAPITRE VI

Du Montoir. — Position du Cavalier à cheval.

Manière d'approcher du cheval et de se placer en selle en se servant des étriers. — Précautions à observer pour mettre pied à terre. — Tenue des rênes. — Position du cavalier à cheval. — Placement régulier des différentes parties du corps. — De l'emploi de l'étrier.

1° LEÇON DU MONTOIR

Le dressage du cheval est maintenant assez avancé pourqu'on lui enseigne la leçon du montoir.

Muni d'un caveçon avec la longe, il est bridé, sellé et amené dans le manège ou sur un terrain doux et uni, après avoir été auparavant promené pendant un quart d'heure au pas, afin que ses membres se détendent, que son rein s'abaisse que ses accès de gaieté disparaissent.

Le cavalier qui doit le monter fait préalablement le tour du cheval, voit si la bride est bien ajustée, si le mors porte sur les barres, si la gourmette et la sous-gorge ne sont pas trop lâches ou trop serrées, si la selle est bien placée en arrière du garrot et si les sangles sont suffisamment serrées pour que la selle ne tourne pas et ne se déplace pas. Il lève alternativement les pieds du cheval avec douceur, le caresse de la main sur la tête, l'encolure et la croupe, en un

mot, se sert de tous les moyens qui peuvent mettre le cheval en confiance, car il se prépare à réclamer de sa bonne volonté des exigences nouvelles.

L'aide se tient devant le cheval, ayant dans sa main droite la longe du caveçon et tenant égales dans chaque main à environ 10 centimètres de la bouche, la rêne droite et la rêne gauche du filet

passées sur l'encolure et s'efforce de maintenir le cheval droit et immobile.

Lorsque ce résultat est obtenu, le cavalier s'approche doucement du cheval du côté gauche ou montoir, se place à hauteur de son épaule, lui faisant face, saisit une poignée de crins avec la main gauche au milieu de l'encolure. Après avoir pris l'étrier avec la main gauche, y chausse le pied gauche, place la main droite qui tient les rênes sur le troussequin et reste un instant dans cette position.

Si le cheval bouge et se porte en avant, l'aide le distrait et le calme en lui donnant quelques saccades avec le caveçon ; s'il jette ses hanches à droite, l'aide oppose la tête aux hanches en ouvrant la rêne droite et le remet droit ; s'il repousse le cavalier par un écart à gauche, l'aide procède par des moyens inverses en faisant sentir fortement l'effet de la rêne gauche.

Le cavalier ayant : 1° dans la main gauche une poignée de crins qui sort par l'extrémité du petit doigt, 2° le pied gauche dans l'étrier, 3° la main droite sentant l'appui du mors tenant les rênes ajustées et placée sur le troussequin continue ce mouvement par la position suivante :

Il s'élance du pied droit en tirant fortement les crins à soi et en penchant le corps légèrement en avant pour empêcher la selle de tourner, porte la main droite sur le pommeau et passe la jambe par-dessus la croupe en ayant soin de ne pas toucher le cheval et d'arriver légèrement sur la selle.

Aussitôt qu'il est en selle, il passe ses rênes dans la main gauche et caresse son cheval de la main droite.

Il doit éviter de chausser l'étrier droit au commencement de cette leçon, car en cherchant cet étrier, son pied s'agite, se balance et communique au cheval des sensations désagréables.

Dès que le cavalier est parvenu à se mettre en selle, l'aide fait marcher le cheval quelques pas pour ne pas le fixer dans une dangereuse immo

bilité et le confirmer dans le mouvement en avant qui doit suivre tout travail nouveau.

Cet exercice est répété chaque jour, jusqu'à ce que le cheval se montre facile au montoir et n'exige plus par sa docilité la présence d'un aide.

Pour mettre pied à terre, le moyen le plus simple

et le plus rationnel est de passer les rênes dans la main gauche, puis dans la main droite qui se place sur le pommeau, pendant que la main gauche saisit une poignée de crins, de déchausser l'étrier droit, de passer la jambe droite par-dessus la croupe en glissant ensuite la main droite le long des rênes jusqu'au troussequin et de descendre légèrement à terre en abandonnant les crins et en continuant de tenir le cheval avec la main droite qui n'a pas quitté les rênes.

Cette descente doit être opérée avec une sage lenteur, afin de ne par surprendre le cheval et de ne pas le remuer pas de violentes secousses.

Pendant l'éxécution de ces deux mouvements (monter à cheval et mettre pied à terre), le cavalier tiendra sa cravache dans la main gauche, le pommeau sortant du côté du pouce, la mèche en bas.

Il y a une deuxième manière de monter à cheval qui est également bonne et pratique.

Elle consiste à placer sur le pommeau, la main droite qui tient les rênes bien ajustées entre le pouce et le premier doigt, et à appuyer le pied gauche à l'avant-bras du cheval. Elle ne peut être employée qu'avec un cheval calme dont on connaît parfaitement le caractère.

On peut aussi sauter sur le cheval sans faire usage des étriers.

Pour cela on se place à la pointe de l'épaule gauche, on prend les rênes dans la main droite

qu'on place sur le pommeau ; on saisit les crins avec la main gauche, on s'enlève sur les poignets on soutient le corps sur les bras tendus et on se met en selle sans à coup.

Ce moyen donne au cavalier de la hardiesse et de la légèreté.

Ceux qui montent sur un cheval nu ou muni

seulement d'une couverture sont obligés d'y avoir recours.

Dans nos régiments de cavalerie, les recrues débutent en équitation par cette gymnastique préparatoire qui fortifie les muscles de leurs bras et de leurs jarrets et les assouplit.

La tenue des rênes dans les premières leçons du montoir se borne à tenir une rêne du bridon dans chaque main, l'extrémité supérieure sortant du côté du pouce, les doigts fermés et se faisant face, le pouce allongé sur chaque rêne, en soutenant les poignets, de manière à faire sentir au cheval un léger appui du mors.

Ce n'est que plus tard, lorsque le cheval saura marcher avec aisance, que le cavalier se servira des rênes de bride et de celles du filet et qu'il initiera le cheval à leur maniement.

2° POSITION DU CAVALIER A CHEVAL

La position du cavalier sur sa monture a une importance capitale et mérite qu'on s'y applique avec une attention constante. C'est d'elle que dépend la bonne conduite du cheval, la franchise de ses allures, la gracieuseté et l'harmonie de ses actions.

Un cavalier placé en selle d'une manière irrégulière et par conséquent irrationnelle ne peut produire sur son cheval que des mouvements faux et sans justesse, soit qu'il charge trop les épaules en penchant le corps en avant, soit qu'il pèse trop sur la croupe en rejetant le haut du corps en arrière ; son cheval alors est déséquilibré et devient d'une conduite difficile.

La position du cavalier doit être à la fois solide et élégante ; elle doit être naturelle et n'imposer aucune contraction.

Le cavalier pour être bien placé à cheval doit observer la position suivante :

Les fesses portant également sur la selle et le plus en avant possible pour établir la base la plus large.

Si le cavalier à les fesses trop en arrière, il charge inutilement l'arrière-main du cheval, la fatigue et l'use. Il n'a pas assez d'assiette pour résister à une ruade énergique qui le jette sur l'encolure et souvent le précipite à terre. Son corps penché en avant hâte cette chute et la rend inévitable. Ce défaut se combat en chassant les fesses sous soi et en cherchant le fond de la selle.

Les cuisses doivent être tournées sans effort sur

leur plat embrasser solidement le cheval, en un mot être collées contre la selle.

En les tournant trop en dehors, le genou n'est plus adhérent à la selle, l'éperon pique le cheval

malgré la volonté du cavalier et les jambes n'agissent plus avec précision.

En les tournant trop en dedans, le bas de la jambe est trop éloigné du corps du cheval et ne peut plus produire aucun effet utile.

Les cuisses doivent être allongées et suffisamment descendues.

Placés dans une position horizontale, elles privent le cavalier de sa solidité d'assiette et de sa puissance d'enveloppe; il est déplacé par le moindre écart de sa monture et est pour ainsi dire raccroché.

Placées dans une direction verticale, elles consolident son assiette, mais lui retirent tout moyen de conduite; trop sur l'enfourchure, il peut même se blesser, surtout dans les sauts d'obstacle.

Le pli des genoux liants, facilite l'action des jambes qui doivent tomber naturellement.

Les reins soutenus sans raideur permettent les déplacements en avant ou en arrière du haut du corps, qui doit être libre, droit et se prêter à tous les mouvements du cheval aux allures vives.

Les *épaules effacées*, les *bras libres*, la *tête droite, dégagée* des *épaules* donnent au cavalier de l'aisance, de la grâce et les moyens de tenir et de diriger son cheval sans gêne, ni contrainte.

Cette position à cheval comporte une partie *immobile* et deux parties *mobiles*.

La partie immobile est représentée par les cuisses et le genou qui est solidement fixé à la selle.

Les parties mobiles sont le buste et les jambes.

Le buste se déplace, tantôt en se penchant en avant pour dégager l'arrière-main ou paralyser un cabrer, tantôt en se reculant en arrière pour soulager l'avant-main et résister aux réactions d'une ruade.

Les jambes se portent plus ou moins en arrière des sangles, suivant le degré de sensibilité du cheval et leur pression dans ce cas est plus ou moins accentuée.

Les genoux leur servent de pivot et ne bougent pas.

Les étriers doivent être chaussés jusqu'au tiers environ, en ayant soin de laisser tomber le talon plus bas que la pointe du pied.

Le jeu de l'articulation du pied avec la jambe doit être libre et facile.

Le poids de la jambe doit seul peser sur l'étrier, sans cela la contraction qui en résulterait, déplacerait l'assiette et ne permettrait plus aux jambes d'agir avec justesse.

L'étrier doit être assez chaussé pour ne pas quitter le pied.

Dans les sauts d'obstacles, les longues courses à l'extérieur, on peut le chausser plus à fond.

Le moyen le plus pratique d'ajuster les étriers convenablement est de comparer la longueur des étrivières à celle du bras, avant de monter à cheval. Si cette mesure est prise exactement, lorsque le cavalier est en selle et que ses jambes tombent naturellement, la semelle correspond au haut du talon de la bottine ou de la botte.

Lorsque les étriers sont convenablement chaussés, le cavalier doit pouvoir se lever facilement et se tenir debout.

Il ne doit pas tendre les jambes en avant et les porter à hauteur de la pointe des épaules ; il doit les laisser tomber naturellement en ayant soin de les fléchir légèrement en arrière des sangles.

Lorsque les étriers sont trop courts, le cavalier a les cuisses trop horizontales et est raccroché à cheval, ses genoux sont ouverts et n'adhèrent plus à la selle ; sa position est disgracieuse.

Lorsqu'ils sont trop longs, le cavalier est trop sur l'enfourchure et il perd ses étriers surtout lorsque sa monture à des réactions dures et qu'elle se livre à certaines défenses (cabrers, ruades, écarts).

Lorsqu'il chausse ses étriers, il ne doit pas faire usage des mains et doit veiller à ce que les étrivières soient sur leur plat.

CHAPITRE VII

Des aides naturelles. — Rênes et Jambes.

Définition des aides. — Aides supérieures et inférieures. — Des rênes. — Leur usage. — Tenue des rênes de filet. — Placement des rênes de bride et de filet dans les deux mains et dans la main gauche. — Effet des rênes de bride. — Jambes. — Leur action. — Combinaison des rênes et des jambes ou accord des aides.

1° DES AIDES

Les aides servent à assurer l'allure et la direction du cheval. Les mains sont les aides supérieures et les jambes sont les aides inférieures ; elles se prêtent un appui réciproque de manière à assurer la régularité et la bonne exécution du mouvement qu'on demande au cheval.

Avant de déterminer le cheval en avant et de lui faire entamer les premiers pas ; il est nécessaire de savoir employer utilement et avec tact les rênes et les jambes qui sont les seuls moyens dont dispose le cavalier pour conduire sa monture

2° RÊNES

L'usage des rênes est très important. Le cavalier doit en connaître la tenue et le maniement, qui varient suivant la nature du mouvement qu'on demande au cheval et le degré de finesse de sa bouche.

Le cavalier pendant les premières leçons laisse les rênes de bride flotter sur l'encolure en les raccourcissant par un nœud et n'emploie que les rênes de filet qu'il tient dans chaque main, les doigts fermés et les poignets à hauteur du coude, séparés à quinze centimètres l'un de l'autre.

Le cheval prend alors l'habitude de s'appuyer sur le mors et de se porter en avant en toute confiance. On le dirige avec le mors de filet, jusqu'à ce qu'il marche au pas, et au trot, avec une entière franchise et sans la plus petite hésitation.

Enfin on lui apprend à sentir l'appui du mors de bride dont les effets sont plus sévères que ceux du mors de filet.

Le cavalier tient d'abord les rênes séparées dans chaque main ainsi qu'il suit :

Sous le petit doigt de la main gauche, il place la rêne gauche de bride et sous le médius la rêne gauche de filet, l'extrémité des rênes sortant entre l'index et le pouce.

Sous le petit doigt de la main droite, il place la rêne droite de bride et sous le médius, la rêne droite de filet, l'extrémité des rênes sortant entre l'index et le pouce.

Cette tenue des rênes lui permet de conduire le cheval sur les quatre rênes.

S'il veut faire prendre le point d'appui sur les rênes de filet, il relâche le petit doigt et les rênes de bride se détendent; s'il désire au contraire faire dominer l'action du mors de bride, il ouvre le médius et les rênes de filet s'allongent.

Dans le cas ou le cavalier a besoin de réunir les quatre rênes dans la même main, il adopte la tenue suivante :

Les rênes de bride sont mises dans la main gauche, séparées par le petit doigt et les rênes de filet au-dessus de ces dernières, séparées par le médius, les quatre rênes sortant par leur extrémité entre le pouce et l'index qui les empêche de glisser. Les doigts de la main font face au corps vers lequel le poignet a une légère inclinaison.

Par cette position la main du cavalier est en contact permanent avec la bouche du cheval par le mors et par le filet ou par l'un des deux et les rênes sont ajustées par la main droite qui les élève, les égalise en les faisant glisser à travers les doigts entr'ouverts de la main gauche qu'on referme lorsque cette opération est terminée.

Le cavalier peut encore prendre la rêne droite

de filet dans la main droite à pleine main ou en la passant sous le médius.

Il y a encore d'autres moyens de tenir les rênes. Mais ceux décrits ci-dessus sont les plus simples, les plus sûrs et les plus généralement adoptés.

L'effet des rênes de bride agit de quatre façons, qui sont soumises à la position de la main : en avant, en arrière, à droite, à gauche.

1° Si le cavalier porte la main en avant, ses rênes flottent et n'exercent plus aucune action sur la bouche du cheval : Ou le cheval continue à marcher en allongeant l'encolure, ou ne sentant plus sa tête soutenue, il s'arrête après quelques pas. C'est un effet négatif ;

2° Si le cavalier porte la main en arrière en rapprochant le poignet du corps, le cheval ralentit son allure, s'arrête et si la traction est trop forte, il recule ;

3° Si le cavalier porte la main à droite, les rênes gauches tendues de plus en plus s'appuient sur l'encolure et la poussent à droite ; s'il accentue sa traction la tête attirée à gauche range les hanches à droite et le cheval fait face à gauche, parce que la traction sur la tête a dominé en intensité la pression sur l'encolure ;

4° Si le cavalier porte la main à gauche, les mouvements inverses se produisent.

Tels sont les effets des quatres rênes isolées, sans le secours des jambes.

Elles servent donc à diriger le cheval, à ralentir son allure, à l'arrêter et elles ne peuvent opérer avec précision que lorsque leur action est combinée avec celle des jambes.

3° JAMBES

Les jambes sont les aides naturelles inférieures et elles produisent deux mouvements ; un mouvement en avant et un mouvement de côté ou changement de direction.

1. Lorsque le cavalier ferme les jambes également, le cheval, se sentant poussé de chaque côté, se porte en avant avec d'autant plus de rapidité que la pression est exercée plus en arrière des sangles. Il est pour ainsi dire contraint de s'échapper droit devant lui.

2. Lorsque le cavalier ferme la jambe droite, le cheval cède à cette pression, déplace ses hanches à gauche et fait face à droite ; lorsqu'il ferme la jambe gauche, le cheval exécute un mouvement inverse et fait face à gauche.

Les jambes mettent donc le cheval en mouvement s'il est arrêté, ou le font passer d'une allure à une autre plus vive s'il est en marche ; elles lui donnent un surcroît d'impulsion et le soutiennent.

La combinaison des rênes et des jambes constitue l'accord des aides qui doit exister, 1° entre les rênes; 2° entre les jambes 3°; entre les rênes et les jambes.

Ainsi, par exemple, l'accord des rênes a lieu lorsque le cheval est sollicité à tourner à droite, alors la rêne droite attire la tête à droite, et son action est corrigée par la rêne gauche, qui, en s'appuyant sur l'encolure, la fait tourner à droite, sans cesser de la maintenir dans une position horizontale.

L'accord entre les jambes se produit lorsque la jambe droite rangeant par une pression les hanches à gauche, la jambe gauche limite le mouvement des hanches au degré voulu.

L'accord existe entre les rênes et les jambes quand dans le tourner à droite, les rênes provoquent un mouvement latéral, dont la régularité est assurée par la pression des jambes.

Le cavalier connaissant la tenue et le maniement des rênes, les moyens de se servir des jambes et de combiner leur action avec celle des rênes, n'hésitera plus à apprendre à son cheval la manière de marcher en avant au pas, de tourner à droite ou à gauche, de s'arrêter, de reculer de passer au trot, d'entamer le galop, car c'est dans ces exercices qu'il aura occasion de faire usage de ces aides naturelles.

Le cavalier doit avoir soin que l'action combinée de ses mains et de ses jambes communique à son cheval une grande légèreté dans ses mouvements.

Chaque fois que le cheval pèse sur les poignets et devient lourd, le cavalier n'hésite pas à presser énergiquement les jambes en arrière des sangles et à fixer la main pour contraindre le cheval à ramener sa tête et son encolure en arrière et à chasser son arrière-main sous lui.

Dans le cas où le cheval résisterait à la pression des jambes, le cavalier doit lui faire sentir l'éperon qu'il appuie progressivement jusqu'à ce qu'il ait obtenu une entière soumission.

Si la mâchoire et l'encolure ont été préalablement assouplies avec méthode par des flexions, le cheval est ramené sur une simple indication des rênes et des jambes et obéit facilement, sans opposer la plus petite contraction de mâchoire et la moindre raideur d'encolure.

CHAPITRE VIII

Du Pas.

Mécanisme du pas. — Le rassembler. — Marcher au pas. — Moyens de conduite à observer pour obtenir un pas égal et régulier. — Équilibre du cheval par l'action simultanée des rênes et des jambes. — Arrêter. — Pas allongé et pas ralenti.

1° MÉCANISME DU PAS

C'est par la marche en avant au pas que le cheval doit commencer son dressage lorsqu'il est monté.

Le pas est en effet la plus lente, la plus douce et la moins élevée de toutes les allures, celle qui engendre les autres et qu'il exécute le plus aisément, puisqu'elle n'exige l'emploi que d'une partie relativement faible de ses forces musculaires. C'est une allure marchée diagonale, à quatre temps, dans laquelle les membres reviennent sur le sol et successivement dans l'ordre de leur lever ; le premier temps est marqué par l'appui du membre antérieur droit, le deuxième par l'appui du membre postérieur gauche ; le troisième par l'appui du membre antérieur gauche, le quatrième, par l'appui du membre postérieur droit.

Le cheval fait à cette allure, lorsqu'elle est franche et bien développée, 120 mètres par minutes.

2° LE RASSEMBLER

Avant de pousser le cheval dans la marche en avant, il est nécessaire de le préparer et de le tenir dans la main et les jambes. Cette disposition prend le nom de *rassembler* et s'obtient en employant simultanément les aides, de manière que le cheval, s'asseyant sur les hanches soit prêt à exécuter les mouvements que le cavalier serait dans l'intention de lui demander. Le cavalier reconnaît que le rassembler est complet, lorsqu'il sent le cheval sur le point de s'enlever sur les quatre membres.

A cet effet, il ferme les jambes en arrière des sangles et soutient les poignets ou la main de la bride, s'il conduit avec une seule main.

Le cheval, préalablement assoupli par des

flexions de mâchoire et d'encolure qui donnent à ces parties de la légèreté, répartit ainsi axactement son poids et ses forces et devient un instrument docile, attendant pour fonctionner, l'impulsion qu'il plaît au cavalier de lui communiquer.

3° MARCHER AU PAS

La tête, l'encolure et les hanches du cheval étant placées sur une même ligne droite, le cavalier n'a plus qu'à augmenter la pression des jambes en arrière des sangles et à baisser insensiblement les poignets ou la main de bride pour que le cheval se détermine dans un mouvement direct en avant.

Le cavalier fait exécuter au cheval quelques mètres au pas en veillant à ce qu'il marche droit devant lui à une allure franche et bien égale.

Dans le cas où le cheval précipite sa marche et essaie de prendre le trot, le cavalier cesse l'action des jambes et augmente l'action des rênes.

Si le cheval vient à ralentir l'allure et à s'arrêter, le cavalier ferme les jambes le plus possible en arrière des sangles et rend la main, tout en sentant l'appui du mors, car jamais il ne doit perdre le contact avec la bouche de sa monture.

Si le cheval jette ses épaules à droite, il le ramène sur la ligne droite en ouvrant la rêne gauche et tenant la jambe droite près; et, si le cheval fait dévier ses hanches à droite, il ferme la jambe à droite et sent la rêne gauche.

Dans le cas où le cheval jette ses épaules ou ses hanches à gauche, il emploie les moyens inverses.

Il peut encore arriver que le cheval porte la tête trop haute et que la tête se renverse.

Cette position de la tête et de l'encolure est défectueuse, parce qu'elle fait refluer le poids de ces parties sur l'arrière-main ; le cavalier la corrige en cessant l'effet du mors de bride trop sévère et trop puissant pour lui substituer l'action du mors de filet plus doux et sur lequel le cheval prend de suite un point d'appui, surtout s'il y est sollicité par les jambes.

Le défaut de position contraire consiste dans un allongement de la tête et de l'encolure qui se braquent sur le mors. Il est aussi mauvais, car il charge trop les épaules et l'avant-main. Il faut élever les poignets et déplacer le poids de l'avant-main sur l'arrière-main, de manière à obtenir du cheval une élévation d'encolure et de tête suffisante pour communiquer aux mouvements de l'avant-main toute leur légèreté et leur souplesse.

En un mot, il faut équilibrer le cheval dans la marche au pas, car si l'animal à l'état de liberté est dans un parfait équilibre, il ne l'est pas naturellement en vue du poids d'un homme et c'est l'œuvre du cavalier qui doit accomplir cette transformation.

Il est nécessaire de confirmer le cheval dans cette marche au pas sur la ligne droite et de ne l'arrêter que lorsqu'il a parcouru une distance de quelques mètres sans hésitation.

4° ARRÊTER

Pour arrêter le cheval, le cavalier pèse sur son assiette en diminuant la pression des jambes et en augmentant progressivement la tension des rênes dont l'action doit primer l'effet des jambes qui doivent néanmoins agir assez, pour régulariser le mouvement de la masse en l'empêchant de reculer et de se porter à droite ou à gauche.

Le cavalier porte un peu le haut du corps en arrière et dès que le chevel a obéi, il se relâche, rend la main et prend la position normale.

Si le cheval, soit par ardeur, soit par ignorance, résiste à ce premier moyen le cavalier *scie du bridon* en tirant successsivement sur chaque rêne et proportionne ce moyen à la sensibilité du cheval.

Pendant les premiers exercices, il ne se montre pas trop exigeant pour l'exécution de ce mouvement et ce n'est que peu à peu qu'il parvient à obtenir que le cheval s'arrête droit et ne se traverse pas.

Chaque fois que le cheval s'arrête, le cavalier le caresse.

L'arrêt formé avec soin dénote chez l'animal une entière soumission, une bouche fine et des hanches solides.

Il faut surtout éviter par une traction trop vive sur les rênes, de l'acculer et de le mettre sur les jarrets.

Souvent l'animal s'arrête avec difficulté, parce qu'il souffre du rein et qu'il ne peut supporter la commotion produite sur cette partie par un arrêt subit et brusque.

Le cavalier prend les précautions les plus minutieuses pour diminuer petit à petit l'allure du pas et l'éteindre jusqu'à l'immobilité ou arrêt, afin que le cheval n'en ressente pas les douloureuses réactions; puis il fait répéter souvent les départs et les arrêts, qui préparent le cheval aux mouvements suivants, tels que le tourner à droite ou à gauche et le reculer.

5° DU PAS ALLONGÉ ET DU PAS RALENTI

Le pas peut être réglé par le cavalier au degré qu'il juge convenable. Il passe du pas ordinaire au pas allongé, dont le mécanisme lui est révélé par le balancement de l'encolure de sa monture et inversement il ralentit cette allure et oblige le cheval à marcher à pas comptés, droit, en sentant pour ainsi dire le lever et le poser de chaque membre antérieur.

De cette façon, il soumet sa monture aux différentes vitesses de pas allongé et de pas raccourci qui sont les corollaires indispensables du pas ordinaire.

Le pas allongé donne aux mouvements de l'épaule plus d'extension et oblige l'encolure à se détendre et à s'allonger afin d'entraîner en avant le poids de l'arrière-main et de décharger cette partie.

Il confirme le cheval dans la franchise de la marche en avant et lui fait parcourir dans un temps égal une plus grande distance qu'au pas ordinaire.

Le cavalier rend la main sans pourtant abandonner le cheval et augmente la pression des jambes, qu'il ne cesse que lorsqu'il sent le cheval près de s'échapper au trot.

Le pas ralenti a pour but d'alléger l'avant-main du cheval.

Le cavalier élève la main de manière à faire refluer le poids de l'avant-main sur l'arrière-main et à donner de la cadence aux membres antérieurs et tient les jambes près pour empêcher le cheval de s'arrêter et soutenir l'allure.

Il profite de ce travail pour faire de fréquentes *descentes de mains* et rendre la bouche de son cheval de plus en plus légère et de plus en plus sensible aux actions du mors.

CHAPITRE IX

Du Tourner à droite et à gauche.

Moyens employés pour tourner à droite. — Par la rêne droite. — Par la rêne gauche. — Par la jambe droite. — Par l'accord des aides. — Moyens employés pour tourner à gauche. — Par la rêne gauche. — Par la jambe gauche. — Par la rêne droite. — Par l'accord des aides.

1° DU TOURNER A DROITE

Le cheval, en passant dans les coins du manège ou du terrain où il travaille, a déjà pris l'habitude de tourner à droite quand il marchait à main droite et à gauche quand il était à main gauche; il s'agit maintenant de le faire tourner à droite et à gauche par l'effet des rênes et des jambes.

Quatre moyens sont offerts au cavalier pour le tourner à droite :

1° Par la rêne droite (rêne directe);
2° Par la rêne gauche (rêne opposée);
3° Par la jambe droite;
4° Par l'accord des aides.

Le cavalier se sert d'abord de la rêne droite de filet qu'il place dans la main droite et qu'il ouvre en portant la main droite plus ou moins à droite suivant la sensibilité du cheval; il attire ainsi la tête et l'encolure vers la droite, rejette les hanches vers la gauche et le cheval fait face à droite.

Ce moyen a l'inconvénient de produire un mouvement rétrograde, si le cheval est de pied ferme, et un ralentissement marqué d'allure, si le cheval est en marche. Toutefois, le cheval ne peut résister à l'effet de la rêne droite et exécute le tourner à droite par la rêne directe.

En appuyant la rêne gauche de filet sur l'encolure, la tête est légèrement attirée à gauche, mais la masse de l'encolure est projetée à droite et le cheval fait face à droite. Cet effet de la rêne opposée est plus puissant que le précédent et est une cause de ralentissement d'allure encore plus accentuée qu'avec la rêne droite. Quelquefois l'effet puissant de traction de la rêne gauche domine l'effet de pression de cette même rêne sur l'encolure et la tête attirée à gauche détermine le cheval dans cette direction.

La pression de la jambe droite en arrière des sangles déplace les hanches à gauche et amène la tête et l'encolure à droite en augmentant l'allure et la vitesse du cheval.

Ces trois moyens produisent donc le tourner à droite. Il est utile de s'en servir pour accoutumer le cheval à l'usage de chaque aide isolé et de ne pas l'irriter et le troubler par une combinaison des aides trop compliquée pour son état de dressage peu avancé.

Lorsqu'il obéit sans contrainte et sans effort à ces trois actions séparées de la rêne droite, de la rêne gauche et de la jambe droite, le cavalier lui apprend à tourner en se servant des quatre rênes et des deux jambes à la fois.

Il met le cheval en marche et, arrivé au milieu d'un des côtés du manège ou de la piste, il le fait tourner à droite en ouvrant légèrement avec la main droite la rêne droite de filet qui attire la tête de ce côté et en appuyant sur l'encolure la rêne gauche qui accélère et régularise l'action de la rêne droite, la jambe droite en arrière des sangles, la jambe gauche arrêtant les hanches au moment voulu.

La rêne droite agit par tension sur le mors et la rêne gauche par pression sur l'encolure.

Toutefois, quand le cheval est familiarisé avec les appuis du mors, les changements de direction par la main de la bride s'obtiennent toujours par l'effet de la rêne opposée. Ce n'est que comme accessoire et exceptionnellement, que la main restée libre, est employée pour aider le mouvement en agissant sur la rêne directe.

Lorsque le cavalier tient les quatre rênes dans une seule main, il élève un peu la main afin que la pression de la rêne gauche agisse sur l'encolure et il arrondit, le poignet par un mouvement de rotation, qui raccourcit la rêne droite, lui fait opérer une tension sur le mors pendant que l'autre agit sur l'encolure.

Les effets opposés de chacune des deux rênes concourrent à l'exécution du mouvement.

2° DU TOURNER A GAUCHE

Pour tourner à gauche le cavalier se sert des quatre moyens ci-dessous :
1° Par la rêne gauche (rêne directe);
2° Par la rêne droite (rêne opposée);
3° Par la jambe gauche;
4° Par l'accord des aides.

Le cavalier se sert d'abord de la rêne gauche du filet en portant le poignet gauche plus ou moins à gauche suivant la sensibilité du cheval; il attire la tête à gauche, repousse les hanches du cheval à droite et lui fait faire face à gauche.

En appuyant la rêne droite sur l'encolure, la

tête et la masse de l'encolure sont rejetées à gauche, et le cheval est placé dans cette direction.

Le cavalier a soin de faire prédominer l'action de la pression de la rêne droite sur l'encolure, sur l'action de la traction de cette même rêne, sur la bouche, afin d'empêcher le cheval de tourner la tête et ensuite le corps à droite.

La jambe gauche déplace les hanches à droite et assure l'exécution du mouvement.

Par l'accord des aides, le cheval marchant sur la piste à main gauche, pour le faire tourner à gauche, le cavalier ouvre légèrement la rêne gauche avec la main gauche, qui attire la tête de ce côté, et appuie la rêne droite sur l'encolure, il ferme la jambe gauche, plus ou moins en arrière des sangles, suivant la sensibilité du cheval, et tient la jambe droite près pour régulariser le mouvement.

CHAPITRE X

Du Reculer.

Mécanisme du reculer. — Exercice de pied ferme, le cheval non monté et muni du caveçon et de la longe. — Du reculer, le cheval étant monté. — Résistances du cheval à exécuter ce mouvement. — Moyens de les combattre. — Influence du reculer sur le dressage du cheval et sur ses membres postérieurs.

Le reculer est un mouvement difficile. Pour qu'il se fasse régulièrement, il faut que les deux membres de chaque bipède diagonal se meuvent simultanément, que l'animal recule lentement, en évitant de s'acculer et de se traverser.

L'animal n'ayant aucune notion du mouvement, le cavalier doit lui apprendre non monté. A cet effet, il lui met la longe et le caveçon, se place en face de sa tête, saisit de chaque main une rêne de bridon, et, portant les deux bras en avant, il fait agir le mors de manière à porter le cheval en arrière. S'il s'y refuse, il place les deux rênes de bridon dans la main gauche, qui les fait agir comme il vient d'être expliqué, tandis que la main droite secoue légèrement la longe du caveçon ou touche avec une cravache les membres antérieurs, suivant que l'un ou l'autre de ces moyens paraît nécessaire.

Dans les commencements, il faut user de beaucoup de patience et de douceur et ne pas trop s'inquiéter si le cheval recule droit; ce n'est qu'après quelques leçons que le cavalier exige cette condition, qui lui apprend à reculer étant monté.

Dans ce cas, le cavalier, après avoir fait quelques pas sur le grand côté du manège, double et arrête sa monture sur la ligne du milieu du manège afin de la disposer pour le reculer.

Tout d'abord, il élève la main par degrés afin de se mettre en rapport avec la bouche du cheval et augmente la pression des jambes, jusqu'à ce qu'il sente que l'animal soit prêt à avancer. Alors il marque avec la main une résistance sur la bouche, afin que le pied qui allait se porter en avant se déplace en arrière et que la tête et l'encolure, attirées en arrière, fassent refluer le poids de l'avant-main sur l'arrière-main.

Si le cheval cède à l'action des mains, celles-ci doivent cesser d'agir et ne reprendre leur action que lorsque l'animal discontinue de reculer, car si elles prolongeaient leur traction, elles rendraient les barres insensibles et le cheval forcerait la main. Lorsque le cheval refuse de céder au mors, il est indispensable de scier du bridon ou de le déterminer en avant et de profiter de ce déplacement pour le reporter en arrière.

Souvent un cheval recule difficilement parce qu'il a le rein long et les jarrets faibles et que l'exécution de ce mouvement le fait souffrir ; aussi le cavalier doit-il user de beaucoup de ménagement et de modération pour l'obtenir.

Si le cheval jette ses hanches de côté, le cavalier ferme la jambe du même côté ; si ce moyen ne suffit pas pour remettre le cheval droit, il ouvre et tire fortement la rêne du côté où le cheval jette ses hanches, en soutenant de la rêne opposée, ce qui s'appelle *opposer les épaules aux hanches*.

Si le cheval recule trop vite, les mains cessent d'agir et les jambes augmentent leur pression pour porter le cheval en avant et le remettre d'aplomb.

Pour cesser de reculer, le cavalier diminue la tension des rênes et augmente l'action des jambes ; le reculer obtenu, il porte immédiatement le cheval quelques pas en avant.

Pendant l'exécution du mouvement, la tête et l'encolure sont plus ramenées que pour la marche en avant, afin de faire refluer le poids de l'avant-main sur l'arrière-main ; mais ce serait une grande faute d'exagérer cette position et de les trop infléchir, parce que l'arrière-main trop surchargée par le reflux de l'avant-main n'aurait plus assez de liberté et d'aisance pour reculer et que le cheval ayant la croupe contractée s'acculerait et se mettrait sur les jarrets.

Le cheval, pour exécuter ce mouvement avec grâce et facilité, doit être léger à la main et bien mis.

Le reculer exerce une sérieuse influence dans l'éducation du cheval de selle; il assouplit ses reins, et sans le liant de cette partie, les changements de direction et d'allure sont pénibles.

Toutefois, le cavalier ne doit pas trop s'appesantir sur cet exercice, dont l'emploi trop fréquent use prématurément l'arrière-main du cheval, le dispose à des défenses dangereuses telles que le cabrer, l'acculement, et arrive quelquefois à lui ôter toute franchise dans la marche en avant en paralysant ses moyens.

CHAPITRE XI

Des Mouvements en dedans des Pistes.

Doubler aux deux mains. — Changement de main à droite et à gauche. — Volte à main droite et à main gauche. — Demi-volte à main droite et à main gauche.

1° DU DOUBLER

Le doubler est un mouvement qui se compose de deux à droite ou de deux à gauche, reliés par une ligne droite conduisant perpendiculairement d'une piste à l'autre.

Cet exercice a pour but de confirmer le cheval dans le tourner à droite ou à gauche, d'assouplir sa tête et son encolure, ses hanches et de le détacher de la piste qu'il est habitué à suivre machinalement en le forçant à obéir aux aides qui le sollicitent.

Pour doubler à droite, le cavalier prépare son cheval comme pour le tourner à droite ; il le dirige sur un arc de cercle de 2 mètres de rayon en ouvrant légèrement la rêne droite, dont il régula-

DES MOUVEMENTS EN DEDANS

rise les effets par l'appui de la rêne gauche sur l'encolure, en rangeant les hanches à gauche avec la jambe droite et en les recevant dans la jambe gauche tenue près des sangles.

DOUBLER

Le Cavalier traverse le manège dans la largeur

Ainsi, le cheval, dès le début, a la tête tournée dans la nouvelle direction qu'il doit entamer, et elle est immédiatement redressée par l'effet de la rêne gauche; la pression de la jambe droite empêche tout ralentissement d'allure et celle de la jambe gauche limite le mouvement à **un quart de cercle**.

Le cavalier veille à ce que le cheval se dirige droit et sans hésitation sur la piste opposée qu'il reprend à la même main par un mouvement identique au premier.

Il assure son assiette en diminuant, au moyen d'un plus fort soutien de reins, la mobilité de son corps donnée par l'impulsion du cheval et avance insensiblement l'épaule du dehors; il évite ainsi tout dérangement et toute oscillation qui pourraient compromettre la précision du mouvement.

2° DU CHANGEMENT DE MAIN

Le changement de main consiste à dépasser le coin du manège, à marcher 3 ou 4 mètres sur le grand côté, à se diriger diagonalement de manière à prendre la piste opposée à la nouvelle main à 3 ou 4 mètres du coin. Le cheval marchant à main droite, le cavalier prend la ligne diagonale en portant la main en avant et à droite de manière à augmenter la tension de la rêne gauche, dirige à droite l'encolure en sentant la rêne droite, ferme la jambe du dehors et soutient la jambe du dedans.

L'effet des rênes et des jambes doit être moins

puissant que dans le doubler, puisque le cheval n'exécute qu'un demi à droite, et la jambe

CHANGEMENT DE MAIN

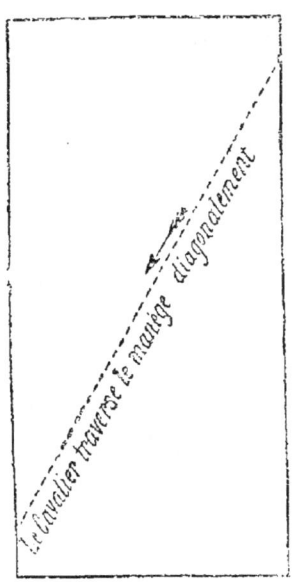

gauche doit être très attentive, de manière à arrêter les hanches après la moitié d'un quart de cercle.

3° VOLTE

La volte est un cercle que le cavalier fait décrire au cheval entre les deux pistes et dont le diamètre est plus ou moins grand, suivant sa volonté.

Généralement ce diamètre est égal à la moitié du petit côté.

Dans la volte, le cheval, pliant les reins et les

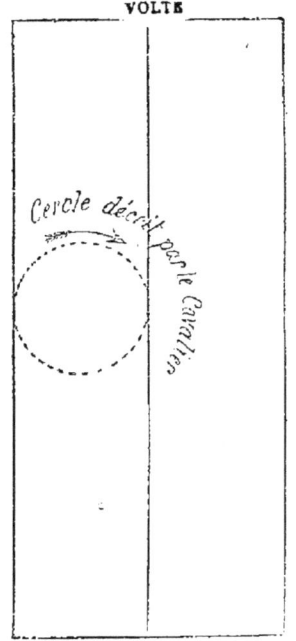

épaules, élevant les jambes de devant et chassant les hanches sous lui, assouplit ses épaules et ses hanches en les faisant passer par les mêmes points.

A main droite, les épaules sont attirées vers la droite et les hanches rejetées vers la gauche, le cheval est ployé dans le sens du cercle qu'il trace. Le cavalier le dirige et le contient sur cette ligne avec la rêne droite, dont il modifie l'effet avec la rêne gauche, et il soutient l'allure avec la jambe droite en même temps qu'il contient les hanches avec la jambe gauche pour les empêcher de s'échapper en dehors de la circonférence.

Après avoir décrit un cercle entre les deux pistes et redressé son cheval, le cavalier reprend la piste à la même main.

Il arrive souvent que, lorsque le cavalier rétrécit son cercle, le cheval, au lieu de se plier dans le sens du cercle et de tracer une courbe régulière, marche sur une série de lignes brisées. Ce travail, alors, n'assouplit plus le cheval, puisque le mouvement de ses épaules et de ses hanches n'est plus en harmonie. Le cavalier doit y remédier en forçant le soutien de la jambe du dehors

Le cavalier suit le même degré d'inclinaison que son cheval et avance l'épaule du dehors.

La volte au pas se fait pendant les premières leçons sur un cercle d'un diamètre égal à la moitié du petit côté; on rétrécit ce cercle à mesure que le cheval s'assouplit, et on le réduit peu à peu à quelques mètres

112   MANUEL PRATIQUE D'ÉQUITATION

4° DEMI-VOLTE

La demi-volte est un demi-cercle suivi d'un changement de main.

Le cavalier fait décrire à son cheval un demi-

DEMI-VOLTE

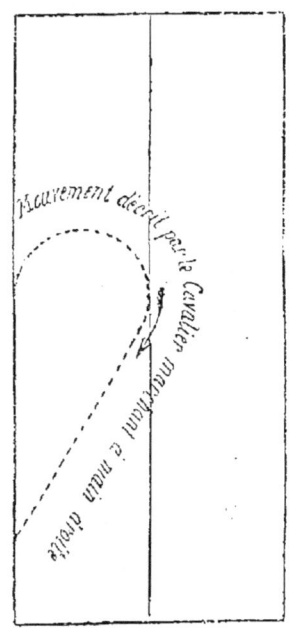

cercle et le fait rentrer sur la piste par une diagonale en changeant de main.

Si le cheval était à main droite, il se trouve à main gauche après l'exécution du mouvement qui s'opère par les mêmes moyens que la volte pour la partie circulaire et en ayant soin de ne pas diminuer le degré d'obliquité de la diagonale égal à celui du changement de main.

En serrant de plus en plus la demi-volte, le cavalier prépare le cheval au demi-tour sur les hanches.

CHAPITRE XII

Du Trot.

Mécanisme et vitesse du trot. — Passer du pas au trot et du trot au pas. — Allonger le trot. — Du trot enlevé ou à l'anglaise. — Ralentir le trot.

1° MÉCANISME DU TROT

Lorsque le cheval sait marcher au pas à une allure régulière, le cavalier s'occupe de le faire trotter.

Le trot comme vitesse tient le milieu entre le pas et le galop, le cheval fait en une minute de 240 mètres à 600 mètres, suivant ses moyens, sa race et son état d'entraînement.

Ses membres se meuvent par paires diagonales en deux temps, séparés par un intervalle pendant lequel le cheval est complètement en l'air.

Ainsi, le cheval lève la jambe droite de devant avec la jambe gauche de derrière, et ensuite la jambe gauche de devant avec la droite de derrière.

DU TROT

Pendant l'allure du trot, le centre de gravité n'est pas sensiblement déplacé; le corps étant lancé en haut et en avant par les jarrets, retombe

rudement et alternativement sur chaque bipède diagonal, d'où résultent des mouvements plus durs que dans le pas.

2° PASSER DU PAS AU TROT ET DU TROT AU PAS

Quand le cavalier veut changer d'allure, c'est-à-dire passer d'une allure lente à une allure vive, comme de celle du pas à celle du trot, il doit en prévenir son cheval par une action combinée des aides. A cet effet, il augmente la pression des jambes, forme un soutien plus énergique, afin de donner plus d'ensemble à l'allure du pas. Lorsque cet effet est produit, il baisse les poignets, diminue progressivement le contact avec la bouche, sans le perdre complètement et laisse ainsi à la tête et à l'encolure, la faculté de s'allonger et de disposer la masse sur l'avant-main.

Le cavalier continue la pression des jambes et diminue l'effet des rênes sur le cheval ainsi préparé qui s'échappe au trot.

Les mains ne doivent pas cesser leur action : elles offrent un soutien à l'avant main et règlent le degré de vitesse du trot.

Si le cheval prend un trop grand point d'appui sur les poignets, le cavalier les baisse, afin que, ne se sentant plus un soutien continu, il ne se livre pas avec autant de confiance, et ralentisse l'allure.

Si, au contraire, il refuse de s'engager sur les poignets et flotte dans une allure décousue et incertaine, le cavalier fixe les poignets et ferme les jambes en arrière des sangles, de manière à pousser les hanches sur les épaules et à donner à son trot de la régularité et de la franchise.

Après quelque temps de trot, le cavalier passe au pas, en diminuant la pression des jambes et en portant les mains en arrière.

Dès que le cheval a pris le pas, les mains et les jambes cessent leur action simultanément et le cavalier, ajustant ses rênes, replace la tête de son cheval dans une position normale.

Lorsque l'animal a exécuté quelques départs du pas au trot, on lui relâche les rênes et on laisse son encolure se détendre.

3° ALLONGER LE TROT

Pour allonger le trot, le cavalier continue la pression des jambes et rend la main.

Cet allongement ne s'obtient que progressivement. Le cavalier entame l'allure par un trot modéré, dont il accélère la vitesse par les moyens prescrits ci-dessus, en évitant que les membres postérieurs par leur précipitation, ne déterminent le galop. C'est en maintenant le cheval droit et appuyé également sur les deux rênes dans une cadence régulière qu'il conserve le trot allongé.

A cette allure, il existe souvent un léger balancement alternatif de l'encolure à droite et à gauche au moment du lever du bipède gauche ou droit; les réactions sont dures et sèches; elles fatiguent le cavalier et ôtent à sa main, toute fixité. Le trot à l'anglaise est seul susceptible de les adoucir.

Pour bien exécuter ce trot, le cavalier cède d'abord à la réaction de la première battue en penchant le corps en avant et en s'élevant sur les étriers, les genoux et les cuisses fixés à la selle et il se trouve ainsi en l'air, lorsque la deuxième a lieu et ne retombe sur la selle que pour être de nouveau projeté par la détente du bipède diagonal qui a marqué la première.

Le cavalier, pour trotter ainsi, doit chercher à tomber en selle au moment opportun, ni avant, ni après celui ou le bipède diagonal arrive à terre, de manière à s'élever de la selle à temps.

La main, en se fixant, seconde les effets du mouvement en avant et l'inclinaison du corps en avant opère, vers la partie antérieure, ces déplacements du poids qui facilitent l'accélération de l'allure.

Les mouvements du cavalier doivent être en parfaite harmonie avec ceux de sa monture, afin de le soulager et de lui épargner des efforts inutiles.

Afin de ne pas fatiguer le bipède diagonal droit plus que le bipède diagonal gauche, le cavalier prend l'habitude de trotter alternativement sur l'un ou sur l'autre, et pendant des laps de temps d'égale durée. S'il s'enlève toujours du côté droit, il use prématurément les membres de sa monture de ce côté; c'est l'inverse qui a lieu du côté gauche.

Avec les chevaux qui sont désunis et qui prennent le traquenard, il est impossible de trotter à l'anglaise, parce que leur allure brisée ne produit qu'une faible réaction et que le manque de mesure empêche tout enlever.

4° RALENTIR LE TROT

Le cavalier ralentit le trot en diminuant graduellement l'action des jambes et en rapprochant les poignets du corps.

Pour empêcher le cheval de passer au pas et de trotter sur place, il baisse les poignets et augmente la pression des jambes qui soutiennent l'allure.

On peut partir au trot, étant de pied ferme, en rassemblant son cheval et en le poussant ensuite dans les jambes, après avoir rendu la main, et on peut l'arrêter, marchant à cette allure, en se servant des moyens prescrits pour ralentir le trot et passer du pas à l'arrêt.

Le cavalier évite de mettre le cheval sur les jarrets en lui faisant sentir progressivement l'effet des rênes et des jambes qui font refluer le poids de l'avant-main sur l'arrière-main.

Souvent le cheval, en s'arrêtant, se traverse et jette les épaules ou les hanches en dedans du manège.

Dans le premier cas, s'il marche à main droite, le cavalier redresse sa monture en sentant la rêne gauche, en appuyant la rêne droite sur l'encolure et en fermant la jambe droite.

Dans le second cas, il remet les hanches sur la piste par une pression de la jambe droite, aidée d'une traction de la rêne gauche.

Le cheval trotte aux deux mains et exécute à cette allure, le doubler, le changement de main, la volte et la demi-volte, qui lui sont familiers au pas.

C'est surtout la volte au trot qui achèvera d'assouplir toutes les parties du corps du cheval ; on diminuera graduellement le diamètre du cercle, en ayant soin de faire passer les épaules et les hanches par les mêmes points, en attirant légèrement la tête du côté vers lequel le cheval tourne afin d'obtenir un bon placer et en le soutenant sévèrement dans les jambes.

C'est dans l'exécution régulière du trot que les progrès accomplis dans les autres allures se résument.

Il doit toujours être franc et carré, qu'elle qu'en soit la vitesse. Le cheval doit trotter sans se retenir et embrasser franchement le terrain qui s'offre sous ses pas.

Ses membres doivent se déployer sans contraction ni raideur et également, et sa mise en main communique de la grâce et de la cadence à ses mouvements.

Le cavalier veillera à ce que les réactions dures de sa monture ne dérangent pas sa position et ne produisent pas de secousses qui se transmettraient de ses mains à la bouche du cheval. Il rendra son action sur les rênes complètement indépendante des mouvements de son corps.

Ce résultat ne s'obtient qu'en montant longtemps sans étriers et les rênes jetées sur l'encolure du cheval. Par ce moyen, le cavalier s'habitue promptement à ne pas compter sur ses rênes pour assurer son assiette et ne prend pas de point d'appui sur la bouche du cheval.

CHAPITRE XIII

Du travail des deux pistes.

Demi-tour par l'avant-main ou sur les hanches, à main droite et à main gauche. — Demi-tour par l'arrière-main ou sur les épaules, à main droite et à main gauche. — Épaule au mur. — Pirouette renversée. — Épaule en dedans. — Pirouette ordinaire.

1° DEMI-TOUR PAR L'AVANT-MAIN OU SUR LES HANCHES

Le cheval a été préparé à exécuter ce mouvement par des demi-voltes de plus en plus serrées, qui lui ont appris à faire tourner les épaules autour des hanches, comme autour d'un pivot.

Le cavalier étant sur la piste à main droite fait parcourir au cheval un demi-cercle autour du membre postérieur droit.

A cet effet, il arrête son cheval droit sur la piste, le porte à main droite et tient les jambes près pour maintenir les hanches en place et les empêcher de quitter la piste et de se jeter à gauche en marquant une pression plus énergique de la jambe gauche.

Ce mouvement est fait pas à pas, lentement; le cheval croise les membres antérieurs dans l'intérieur du manège.

Le cavalier lui place la tête, en sentant légèrement la rêne droite et en agissant de la rêne gauche, pour terminer le mouvement et mettre le cheval droit sur la piste.

Si le cheval ne veut pas quitter les épaules de la piste et résiste, le cavalier porte franchement la main à droite en appuyant la rêne gauche sur l'encolure et en fermant la jambe gauche très en arrière des sangles, jusqu'à l'éperon, s'il est nécessaire.

C'est en proportionnant la puissance de ses aides et leurs moyens d'action au degré de docilité et de sensibilité de sa monture, qu'il obtiendra l'exécution de ce mouvement.

Pour le demi-tour à gauche, on emploie les mêmes principes, mais les moyens inverses, car le cheval pivote autour du membre postérieur gauche.

2° DEMI-TOUR PAR L'ARRIÈRE-MAIN OU SUR LES ÉPAULES

Le demi-tour par l'arrière-main, lorsque le cheval est sur la piste à main droite, consiste à faire parcourir aux hanches un demi-cercle autour du membre antérieur gauche, et lorsqu'il est à main gauche, un demi-cercle autour du membre antérieur droit.

Le cheval marchant à main droite sur la piste est arrêté droit.

Le cavalier élève la main, glisse la jambe gauche en arrière pour déplacer les hanches vers la droite, tient la jambe droite près pour s'opposer au reculer et modérer le pivotement des hanches et sent la rêne droite pour maintenir les épaules en place et les empêcher de dévier à gauche.

Le mouvement terminé, il replace la main et cesse l'action des jambes.

Le demi-tour par l'avant-main ou demi-tour sur les hanches et le demi-tour par l'arrière-main ou demi-tour sur les épaules confirment le cheval dans la connaissance des effets que peut produire la combinaison des aides. Ce mouvement s'exécute, le cheval étant de pied ferme, marchant au pas ou au trot, sur la piste et sur la ligne du milieu du manège.

Lorsque le cheval marche au pas ou au trot, le cavalier élève la main et ne commence le demi-tour que lorsque le cheval étant complètement arrêté, y a été disposé par l'action des mains et des jambes. Lorsque le mouvement est achevé, il se porte en avant à l'allure à laquelle il marchait précédemment.

Sur la ligne du milieu, le cavalier éprouve de plus sérieuses difficultés pour l'exécution régulière de ces demi-tours, car il n'a plus le secours du mur et le cheval a des tendances à porter ses épaules en avant et à jeter ses hanches en arrière c'est-à-dire à leur faire quitter la ligne du milieu. Ce n'est qu'après un dressage fini que ce travail est exigé du cheval.

3° ÉPAULE AU MUR

La position pour le mouvement de l'épaule au mur, laisse l'avant-main sur la piste et déplace les hanches dans l'intérieur du manège par un quart de cercle. Le cheval est dans une direction oblique par rapport au mur auquel il fait face.

Si le cheval est à main droite, les membres du

bipède latéral gauche croisent en avant ceux du bipède latéral droit; s'il est à main gauche, ce sont les membres du bipède latéral droit qui croisent en avant ceux du bipède latéral gauche.

Ce mouvement est d'autant plus utile qu'il assure le départ au galop sur le pied droit ou sur le pied gauche et qu'il complète l'assouplissement de l'avant-main du cheval.

Le cavalier place le cheval obliquement à la piste, en ouvrant légèrement la rêne droite et en poussant les hanches à droite avec la jambe gauche; il maintient la jambe droite près, afin que le cheval ne fasse pas plus d'un demi à droite, et sent la rêne gauche pour que la tête et l'encolure ne soient pas trop infléchies à droite.

Si le cheval résiste au déplacement de ses hanches dans l'intérieur du manège, le cavalier tire fortement la rêne gauche, attire de ce côté la tête et l'encolure du cheval et *oppose ainsi les épaules aux hanches*.

Le cheval obéit à cette aide latérale d'une grande puissance, mais le mouvement est disgracieux. Il est nécessaire que le cheval ait la tête placée du côté vers lequel il marche, que ses épaules précèdent ses hanches, soient dégagées et se meuvent avec aisance.

Au passage des coins, les épaules, ayant plus de chemin à parcourir que les hanches, vont plus vite que ces dernières dont on ralentit la vitesse. La rêne droite accentue sa traction pour accélérer le jeu des épaules, et la jambe gauche continue sa pression pour empêcher l'arrêt des hanches, surveillée par l'action de la jambe droite qui règle le degré du mouvement de manière à le mettre en harmonie avec celui des épaules.

La *pirouette renversée* est le complément de cette leçon et elle ne sera exécutée régulièrement que si le cavalier parvient à faire pivoter sa monture autour d'un seul membre antérieur, le gauche pour la pirouette à droite, le droit pour la pirouette à gauche. Les voltes de plus en plus rétrécies lui fournissent les moyens les plus rationnels d'y arriver.

4° ÉPAULE EN DEDANS

Le cheval déplace ses épaules dans l'intérieur du manège d'un demi à droite lorsqu'il est à main droite et d'un demi à gauche lorsqu'il marche main gauche et laisse ses hanches se mouvoir sur la piste.

Le mouvement des épaules précède toujours celui des hanches.

Le cavalier, marchant à main droite, ouvre légèrement la rêne droite en appuyant la rêne gauche sur l'encolure, pour déterminer les épaules à quitter la piste et à se porter à droite, ferme la jambe droite pour pousser les hanches à gauche et tient la jambe gauche près pour les empêcher de précipiter leur mouvement et de devancer les épaules.

Si les hanches ne répondent pas à la pression de la jambe droite et restent immobiles, il faut que le cavalier en augmente graduellement l'effet jusqu'à l'éperon et ouvre la rêne droite en appuyant la rêne gauche sur l'encolure pour *opposer les épaules aux hanches.*

Le cavalier n'exige de sa monture que quelques pas de côté, afin de ne pas contracter son encolure et ses hanches par l'excès de fatigue, et en passant les coins du manège, il ralentit le mouvement des épaules et augmente celui des hanches qui ont un arc de cercle plus étendu à décrire, en opérant une pression de la jambe droite et un appui de la rêne gauche sur l'encolure.

A main gauche, les moyens seront inversement les mêmes.

La *pirouette ordinaire* se fera facilement, si

cette leçon est bien comprise, est préparée par des voltes successives, la croupe en dedans sur des cercles de plus en plus rétrécis.

Les mouvements des deux pistes sont employés dans les voltes, demi-voltes, sur la ligne du milieu et dans les changements de main; ils contribuent à donner au cheval de la finesse, de la souplesse et de l'élégance dans l'exécution de tous les mouvements qui lui sont demandés et en font un instrument d'une réelle précision entre des mains habiles.

Le cavalier doit surtout éviter, s'il est en marche au pas ou au trot, qu'il n'y ait ni augmentation ni diminution d'allure. Il n'obtient cette correction que par un accord parfait des jambes et de la main qui, en sollicitant dans de justes limites les forces de l'avant-main et de l'arrière-main, établit leur équilibre et leur harmonie.

CHAPITRE XIV

Du Galop.

Mécanisme du galop, sur le pied droit et sur le pied gauche. — Galop juste et désuni. — Différentes sortes de galop. — Partir au galop marchant au pas. — Partir au galop marchant au trot. — Changements de pied. — Contre-changements de main.

1° MÉCANISME DU GALOP

Le cavalier par les leçons précédentes a donné de la puissance aux muscles de sa monture, a développé la vitesse de ses allures au pas et au trot en exerçant tous ses membres et l'a disposée à entamer le galop qui mettra fin à son dressage et en sera le complément indispensable.

Le galop est une des trois allures naturelles du cheval, la plus rapide et la plus fatigante, car i exige de violents efforts et un vigoureux déploiement de forces.

C'est une allure sautée dans laquelle les membres du même côté précèdent toujours ceux de l'autre côté.

Le galop s'exécute en trois temps. Le cheval fait entendre trois battues et meut ses membres en diagonale et d'arrière en avant.

Dans le galop à droite le premier temps est marqué par la jambe gauche de derrière qui pose la première à terre, le deuxième par le bipède diagonal gauche, et le troisième par la jambe droite de devant.

Le cheval galope à *droite ou sur le pied droit* quand le bipède latéral droit dépasse le bipède latéral gauche.

Dans le galop à gauche, le premier temps est marqué par la jambe droite de derrière qui pose la première à terre, le deuxième par le bipède diagonal droit et le troisième par la jambe gauche de devant.

Le cheval galope *à gauche* ou sur *le pied gauche* lorsque le bipède latéral gauche dépasse le bipède latéral droit,

Le cheval galope *juste*, lorsque tournant à droite, le pied droit de devant précède le pied gauche de devant, ou lorsque tournant à gauche, le pied gauche de devant est en avant du pied droit de devant.

Il galope *faux*, lorsqu'il galope sur le pied gauche à main droite, et sur le pied droit à main gauche.

Enfin il est *désuni* lorsqu'il galope à droite des pieds de devant, et à gauche des pieds de derrière ou à gauche des pieds de devant, et à droite des pieds de derrière.

L'espace embrassé par un cheval dans un temps de galop et la vitesse de cette allure varient en raison de la taille, de la conformation et de la race du cheval, et de son degré de sang.

M. Raabe a fixé la longueur du pas à trois longueurs de la base de sustentation, soit 3 mètres 60 pour un cheval de 1 mètre 60 de taille.

Le galop se subdivise en *galop* de *manège*, le plus ralenti de tous, *galop ordinaire* (entre 340 et 360 mètres par minute) *galop allongé* (440 mètres) et *galop de course* (entre 850 et 870 mètres par minute).

Au manège le galop est ralenti et l'animal bien assis, afin de conserver sa liberté d'épaules et la légèreté de son avant-main. Dans les galops ordinaire et allongé, l'animal déploie librement ses membres. Le galop de course est une succession de bonds et s'exécute en deux temps.

DU GALOP

2° PARTIR AU GALOP MARCHANT AU PAS

Le cavalier marchant au pas à main droite rassemble son cheval, porte la main un peu en arrière à gauche, de manière à appuyer la rêne

droite sur l'encolure et à dégager l'épaule droite, puis ferme les jambes en augmentant la pression de la jambe gauche pour pousser légèrement l'arrière-main à droite.

« Si l'animal, écrit M. Gaussen, dans son *vade-mecum équestre,* n'oppose aucune résistance à l'effet de la main et répond par une action suffisante de la croupe à notre action inpulsive, il doit partir *juste,* sur le *pied voulu,* si cette action a été communiquée au moment opportun. Ainsi, la main en s'élevant et en se portant à gauche, fait qu'au moment ou l'arrière-main du cheval se trouve légèrement surchargée, la hanche gauche l'est un peu plus que la droite; il s'ensuit que la jambe gauche de derrière est disposée à marquer la première foulée, d'autant plus que par le fait de l'inclinaison de la masse, elle se trouve plus rapprochée du centre de gravité et finalement que le départ à droite doit se produire. Il en est tout naturellement de même, quand il s'agit du départ à gauche. Il résulte de là, que si un cheval convenablement préparé, ne part pas sur le pied voulu, c'est que la main n'a pas voulu ou n'a pas su maintenir l'équilibre nécessaire à ce départ, ou que l'action impulsive a manqué de spontanéité.

« Lorsque le départ au galop s'exécute facilement, il ne s'agit plus que de régler l'allure, en suivant avec la main ce qu'on peut appeler le mouvement de bascule du galop, chose qu'il faut pratiquer au début à une allure ralentie. Ce temps de main s'il est convenablement employé a pour effet de donner au galop de la régularité et du rythme, surtout si l'on a soin d'entretenir l'action nécessaire à l'allure par des temps de jambes alternés avec ceux de la main. Pour obtenir le résultat désiré, la main droite s'élève imperceptiblement, quand l'animal revient sur lui et doit s'abaisser de même quand la détente se produit; c'est dans le cas où l'action de la détente devient insuffisante que l'effet des jambes en question se produit. Il ressort donc de là que, si le cheval tend à augmenter son allure, les effets de main doivent primer légèrement l'action des jambes et vice-versâ. »

Au galop, à droite, le cavalier ressent une réaction plus marquée sur la fesse gauche que sur la fesse droite et la jambe droite éprouve un balancement plus sensible que la jambe gauche, ce qui empêche l'adhérence parfaite du genou droit à la selle.

Pour faciliter le départ au galop pendant les premières leçons, le cavalier traverse légèrement son cheval à droite; de cette façon le bipède latéral droit précède le bipède latéral gauche et il est disposé à s'échapper le premier.

Le cheval, après avoir fait à cette allure quelques foulées, est remis au pas. A cet effet, le cavalier porte légèrement le haut du corps en arrière, augmente la tension des rênes ; en appuyant sur l'encolure la rêne droite, il refoule le poids sur l'épaule gauche, tient les jambes près en éteignant progressivement l'allure.

Pour partir au galop à gauche, mêmes principes, moyens inverses.

Si le cheval refuse de partir au galop, le cavalier ouvre la rêne gauche et ferme la jambe du même côté en faisant au besoin sentir l'éperon ; ces deux aides dégagent complètement l'épaule droite et, soutenues par l'action de la rêne et de la jambe droite, déterminent le départ au galop.

3° PARTIR AU GALOP MARCHANT AU TROT

Pour passer du trot au galop, le cavalier emploie les moyens ci-dessus décrits pour passer du pas au galop, en ayant soin de rompre au commencement, par un effet latéral de l'une ou l'autre rêne, la symétrie d'action du trot.

Pour passer du galop au trot, il se sert des mêmes moyens que pour passer du galop au pas, en conservant le soutien de la main qui aide le cheval à prendre le trot, et, si le cheval n'obéit pas, il opère une traction directe de la rêne du

DU GALOP

côté où le cheval galope ou une pression de l'autre rêne pour contenir le mouvement de l'épaule la plus avancée et pousser les hanches du côté opposé, de manière à établir l'égalité dans l'action des membres.

Pour passer du galop à l'arrêt, il agit comme

pour passer du galop au pas, en élevant la main et en tenant les jambes près pour empêcher le cheval de reculer ou de se traverser.

Il arrive que souvent le galop peut naître du désordre et de la précipitation du trot. Dans ce cas, il se produit par l'effet de l'abandon des mains qui, ne maintenant plus la régularité des battues du trot allongé, auront laissé développer un côté plus que l'autre en interrompant le mouvement alternatif des bipèdes diagonaux.

Dans le dressage du jeune cheval, on lui fait souvent prendre le galop par allongement progressif du trot avant de lui apprendre l'exécution régulière de cette allure.

Il ne faut pas prolonger les temps du galop, afin de ne pas rebuter le cheval et de ne pas le mettre hors d'haleine.

Le galop sur des cercles de plus en plus étroits assouplit le cheval, l'habitue à plier légèrement la tête sur l'encolure, redresse ses hanches qui sont poussées en dehors du cercle ; ce qui a pour effet de l'empêcher de se traverser, lorsqu'il travaille sur une ligne droite.

Lorsque le cheval exécute régulièrement les départs au galop, aux deux mains, on l'exerce sur la ligne du milieu.

4° CHANGEMENTS DE PIED

Enfin lorsqu'il obéit correctement à l'action des aides et à une allure de galop bien rythmée, on passe aux changements de pied en l'air qui sont d'une exécution difficile et exigent une grande souplesse du cheval et un tact délicat dans les moyens du cavalier.

Le cavalier, pour favoriser ce mouvement, marche à main droite sur la piste au galop, exécute un changement de main diagonal et, lorsqu'il est sur le point d'arriver sur la piste opposée, il marque un temps d'arrêt qui permet de changer la position de l'encolure par la rêne gauche, celle des hanches par la jambe droite qui est aidée par une pression de la jambe gauche. Après avoir changé la position du cheval, comme le changement de pied exige une foulée de galop plus grande que les précédentes, il rend la main.

Dans ces changements de pied il ne faut pas laisser les membres se désunir et on doit calmer l'animation du cheval.

On exécute ensuite des changements de pied sur la ligne droite, sans force ni brusquerie ; enfin, par une sage progression, on arrive facilement à changer de pied, tous les quatre, trois ou même deux pas.

Dans le changement de pied ou temps le cheval galope un pas à droite, un pas à gauche, de manière à faire fonctionner les deux bipèdes latéraux. On ne l'obtient que par une soumission et un assouplissement du cheval parfaits.

5° CONTRE-CHANGEMENTS DE MAIN

Le cheval étant au galop à main droite sur la piste, le cavalier attire légèrement la tête et l'encolure à droite en portant la main à droite, augmente la pression de la jambe gauche de manière à engager les épaules dans la diagonale, le cheval se porte alors de côté dans l'intérieur du manège et reste dans son équilibre tout en conservant sa légèreté et sa grâce.

Arrivé au centre du manège, la main augmente son soutien pour arrêter le mouvement en avant et se porte un peu en arrière à droite pour dégager l'épaule gauche et provoquer le départ sur le pied gauche, en même temps que le corps opère une légère retraite en arrière à droite pour faciliter le changement de pied. Puis la jambe droite agit pour engager l'arrière-main, dans le mouvement oblique de droite à gauche, et la jambe gauche sert de soutien à l'action qui lui vient de droite. Le cheval reste ainsi sur la piste.

Dans ce pas de côté au galop, la main, tout en dirigeant les épaules, les maintient et empêche le cheval de presser l'allure lorsqu'il se sent plus actionné par les jambes, dont l'une le porte de côté, tandis que l'autre, tout en poussant les hanches en avant, les empêche de dépasser les épaules.

Le mouvement doit être fait lentement et pas à pas en ne prenant que très peu de terrain à chaque foulée de côté. Comme l'a si judicieusement fait remarquer le comte d'Aure : « il y a, à un temps donné, égalité dans l'action des aides et ensuite intervertissement complet dans leur manière d'agir, puisque celles qui ont été employées comme action pour engager la masse de gauche à droite seront employées comme soutien alors que le mouvement de retour s'opérera. Il est nécessaire pour que cet intervertissement ait lieu sans à-coup et sans surprises que les aides, qui agissent par degrés, diminuent leur action à mesure que celles qui soutiennent augmentent la leur, de telle sorte, qu'au moment où le cheval arrive au point où le mouvement de retour doit s'opérer, la masse inerte soit remise en équilibre, c'est-à-dire que, pendant un instant, elle ne soit engagée ni à droite ni à gauche. »

On fait exécuter au cheval au galop les voltes, les demi-voltes, les doublers en appuyant l'épaule en dedans et l'épaule au mur, en un mot, tous les mouvements auxquels il a été exercé au pas et au trot. On le fait travailler sur des cercles de plus en plus étroits de manière à assouplir ses épaules et ses hanches et à le confirmer dans le galop sur tel ou tel pied et on augmente ou diminue progressivement la vitesse de cette allure, afin d'en assurer la franchise et la cadence en maintenant le cheval dans la limite d'une sage liberté qui lui permet de détendre et d'allonger la tête et l'encolure à volonté

CHAPITRE XV

Des Airs de Manège et de la haute École.

Considérations générales sur le travail de haute école. — Du piaffer. — De la courbette. — De la croupade et de la ballotade. — De la cabriole. — Du passage. — Du pas espagnol.

1° CONSIDÉRATIONS GÉNÉRALES SUR LE TRAVAIL DE HAUTE ÉCOLE

Lorsque le cheval marche à volonté et franchement au pas, au trot et au galop et exécute avec calme et précision, à ces allures, les départs et les arrêts, les voltes, demi-voltes, doublers, changements de main et les mouvements détaillés dans les chapitres précédents, on complète et on finit son dressage en l'exerçant à quelques airs de haute école qui lui communiquent de la grâce et de la légèreté.

Il est nécessaire d'avoir une monture docile, bien mise et dans un parfait équilibre, si l'on veut entamer avec succès les mouvements qui constituent la haute école

Elle doit avoir une bonne conformation, être exempte de tares, afin de supporter ce pénible et fatigant travail qui exige de puissants efforts et un grand déploiement de forces musculaires

Le cavalier ne peut aborder les airs de haute école que s'il possède un tact et une finesse parfaits ; c'est par la légèreté de la main, le moelleux de l'assiette, combinés avec les effets plus ou moins accentués des jambes, qu'il peut obtenir du cheval un jeu régulier des membres produisant le piaffer, la courbette, la croupade, la ballotade, la cabriole, le passage, le pas espagnol.

Il doit éviter toute faute dans l'emploi des aides surtout pendant les premières leçons, car le cheval engagerait une lutte énergique avec son cavalier. Lorsque le cheval commet une faute réclamant une sévère correction, elle doit lui être infligée et cesser assez à temps pour que le cheval comprenne le motif qui l'a provoquée.

Le cavalier distingue dans les résistances que sa monture offre à ses moyens d'actions, celles qui ont pour cause son ignorance, son incertitude, de celles qui sont la manifestation de sa volonté de résister. Dans le premier cas, il doit chercher à se mieux faire comprendre d'elle ; dans le second cas, il doit se servir de moyens assez puissants pour se rendre maître de ses défenses.

C'est à équilibrer le cheval par l'assouplissement général que le cavalier doit consacrer ses efforts. A cet effet, il s'empare de l'arrière-main et il la fait insensiblement arriver sous le centre, en poussant les hanches sur les épaules et en maintenant ces dernières par les effets de la main.

L'avant-main doit conserver plus d'élévation que l'arrière-main. Le cheval doit être assis sur les hanches, afin que ses épaules débarrassées du poids du cavalier, lui permettent de se grandir et de rapprocher la tête du buste de l'homme et qu'il acquière ainsi de la noblesse et de l'élégance.

Lorsque l'assouplissement de l'avant-main et de l'arrière-main du cheval sont parvenus à un degré suffisant de perfection, on peut, sans inconvénient, commencer les airs de haute école.

2° DU PIAFFER

Le piaffer est l'allure du cheval levant ses membres l'un après l'autre comme au pas et les replaçant de même sans avancer ni reculer. Il est régulier, lorsque chaque bipède diagonal se lève et retombe sur le sol à des intervalles égaux et autant que possible assez éloignés. C'est une sorte de passage sur place dont les mouvements sont plus vifs et plus trides.

Pour déterminer le piaffer, le cavalier communique au cheval un surcroît de forces par une pression d'abord légère, puis réitérée des jambes.

Puis le cheval est mis au pas et le cavalier continue à l'actionner des jambes graduellement, tout en le soutenant de la main, afin que ce deux effets combinés, entretiennent une succession de mouvements imperceptibles et une première mobilité des extrémités. Lorsque cette mobilité des jambes est obtenue, le cavalier commence à en régler la cadence en se servant de ses effets avec une grande justesse.

« C'est par l'appui alterné de deux jambes, écrit M. Baucher, dans sa *Méthode d'équitation*, qu'il arrivera à prolonger les balancements du corps du cheval, de manière à les maintenir plus longtemps sur l'un ou l'autre bipède. Il saisira le moment où le cheval se préparera à prendre son appui sur le sol pour faire sentir la pression de sa jambe du même côté et augmenter l'inclinaison du cheval dans le même sens. Si ce temps est bien saisi, le cheval se balancera lentement et la cadence acquerra cette élévation si propre à faire ressortir toute sa noblesse et toute sa majesté. Ces temps de jambes sont difficiles et demandent une grande pratique; mais leurs résultats sont trop brillants pour que le cavalier ne s'efforce pas d'en saisir les nuances.

« Le mouvement précipité des jambes du cavalier accélère aussi le piaffer. C'est donc lui qui règle à volonté le plus ou moins de vitesse de la cadence. Le piaffer n'est brillant et complet que lorsque le cheval l'exécute sans répugnance, ce qui a toujours lieu quand l'harmonie du poids et des forces utiles à la cadence se conserve. »

3° DE LA COURBETTE

La courbette est un air relevé du manège dans lequel le cheval s'enlève du devant en ployant les genoux, et avance sous son centre de gravité ses deux pieds de derrière en s'asseyant sur ses jarrets et en baissant les hanches. Les jambes de devant quittent et reprennent le sol ensemble et sont accompagnées dans ce dernier temps par les hanches par une cadence égale, tride et basse.

La courbette continue à donner au cheval un pas plus relevé et plus léger et développe la puissance de ses hanches. Les chevaux paresseux et mous qui ne se livrent pas avec franchise aux airs que le cavalier leur demande ne peuvent exécuter avec grâce la courbette. Ceux qui sont inquiets, impatients, sont aussi dans des conditions défavorables, car ils agissent par saccades et n'ont aucune mesure dans leur enlever. On ne doit se servir que de chevaux obéissants, calmes et doués d'une grande vigueur. La courbette peut se décomposer en deux parties :

1° Élévation des jambes de devant ; 2° poussée des hanches sous le centre de gravité.

On apprend au cheval à détacher d'abord le devant, à ployer les genoux et à s'affermir sur les hanches, en le touchant légèrement de la cravache sur les jambes de devant, dans le temps qu'il donne dans les cordes et qu'il avance les hanches sous lui ; s'il se livre, on l'arrête, on le flatte et on continue ainsi jusqu'à ce qu'il arrive au degré d'élévation voulu pour la régularité et la cadence de mouvement, en ployant les bras de manière que les pieds se retroussent presque jusqu'au coude.

Lorsque le cheval élève à une hauteur suffisante ses jambes de devant et les ploie avec facilité, on passe ensuite à la deuxième partie qui consiste à faire rabattre la croupe, à baisser le devant à l'aide de la chambrière, dès qu'il en a pris l'habitude et qu'il en fournit cinq ou six de suite sans précipitation, on le dirige sur la piste, le long des murs du manège et on lui fait commencer cet exercice. Ce n'est que lorsqu'il est bien confirmé dans cet air relevé qu'on le lui demande sur la ligne du milieu.

Pendant les premières leçons on ne doit pas exiger plus de trois ou quatre courbettes de suite. Le temps de la main doit être soutenu et rapide, afin de déterminer le devant à se lever. La pression des jambes du cavalier doit être assez puissante et assez efficace pour empêcher le cheval de traîner les hanches, mais elle ne doit pas être trop énergique, afin de ne pas actionner le cheval trop vivement et de ne pas dépasser le temps de la cadence qu'il prend de lui-même et naturellement sous l'impulsion des aides du cavalier. C'est par la souplesse du rein que le cavalier garde l'équilibre dans une position aisée et gracieuse.

4° DE LA CROUPADE ET DE LA BALLOTADE

La croupade est un mouvement dans lequel, le cheval étant enlevé, maintient le devant et le derrière à une hauteur égale. De cette façon, il trousse et retire au même instant sous lui ses quatre extrémités, sans montrer les fers.

Dans la ballotade, il lève les quatre extrémités en l'air, de manière à laisser voir les fers, mais ne détache pas la ruade.

Il est nécessaire d'ajuster le cheval à ces airs dans les piliers : ce n'est que lorsqu'il exécute ces mouvements régulièrement et sans désordre dans les piliers qu'on le fait travailler en liberté, en n'exigeant que quelques sauts surtout dans les commencements. Plus le cheval se détache de terre et plus ses efforts musculaires sont pénibles et plus il se fatigue. Il faut s'efforcer d'obtenir une grande légèreté dans ses actions. Les moyens les plus propres à donner de la cadence et de l'élévation à ces airs, sont la cravache et l'éperon.

Avec la cravache on touche doucement les jambes de devant et les épaules, afin de provoquer leur enlever et on anime les hanches en appliquant des coups sur la croupe.

Si les jambes sont impuissantes à enlever le cheval et ne le font pas assez se détacher de terre, on se sert de l'éperon, qui est un aide plus énergique et oblige le cheval à un plus violent déploiement de forces.

Ces airs de manège assurent l'assiette du cava

lier qui doit faire preuve d'une réelle solidité, pour en supporter en selle anglaise les dures réactions. Ils ne doivent être employés qu'à de rares intervalles, car souvent, ils communiquent de la raideur au cavalier en l'obligeant à serrer fortement les genoux contre la selle, et usent prématurément le cheval par les sauts brusques et saccadés qu'ils réclament,

5° DE LA CABRIOLE

La cabriole est un air de manège dans lequel le cheval lève ses membres de devant et de derrière et détache la ruade, en montrant ses fers ; ce qui s'appelle *nouer l'aiguillette*. A ce moment, les jambes de derrière sont l'une près de l'autre et les pieds s'élèvent à hauteur de la croupe. Le cheval allonge ses jambes le plus possible et leur donne leur maximum d'extension. Pour bien exécuter la cabriole le cheval doit être léger, s'appuyer sur la main et avoir des jarrets larges et bien musclés. On commence par l'exercer entre les piliers.

Le cheval doit avoir, lorsqu'il est en l'air, le garrot et la croupe au même niveau, et la tête droite.

On ne dresse le cheval à cet air relevé que lorsqu'il manie bien du devant et du derrière et qu'il pratique avec franchise la croupade et la ballotade. Alors, on se sert de la chambrière au moment où le devant est détaché du sol et prêt à retomber de manière à l'obliger à détacher la ruade; si on appliquait le coup de chambrière pendant qu'il s'élève, il continuerait à pointer et se dresserait sur les jarrets.

Lorsqu'il est obéissant entre les piliers, on l'exerce sur la ligne du milieu, en s'aidant de la cravache qui frappe alternativement sur les épaules et sur la croupe lorsque le devant entame son mouvement d'abaissement.

Le cavalier doit se lier aux sauts du cheval et en diminuer les réactions par la souplesse du rein.

La cabriole est le plus difficile de tous les airs et n'est accessible qu'à quelques chevaux; elle doit être exécutée avec tact.

6° DU PASSAGE

Le passage est un trot raccourci, mesuré et cadencé dans lequel le cheval se grandit et se détache du sol. Dans cet air, le cheval meut ses jambes comme dans le trot, mais les laisse plus longtemps en l'air, de sorte qu'il n'avance que lentement, en donnant à ses mouvements des temps cadencés et soutenus.

On peut obtenir cet air en poussant le cheval en avant sur les mouvements du piaffer, ou au moyen d'une série de changements et de contre-changements de main de plus en plus resserrés ou par le départ du galop sur le reculer suivi de l'arrêt et du départ sur l'autre pied.

« Dans la première partie du dressage, les mouvements cadencés que l'écuyer fait naître chez le cheval pendant qu'il cherche à porter les hanches sous le ventre, sont des temps de trot soutenus, rassemblés, qui font partie du dressage. Au fur et à mesure que ces temps se développent, il faut les saisir, s'en emparer ; alors on finit par lier, par souder, pour ainsi dire, le travail des aides aux temps du passage présentés par le cheval. Il résulte de la continuité de ce travail, qu'au bout d'un certain temps, l'allure artificielle se trouve prise, renfermée dans le tact de la main et des jambes. Arrivé à ce point, le cheval ne demande plus qu'à être exercé et cet exercice de tous les jours l'assouplit encore, le fortifie et l'habitue à prolonger ce travail de passage...

« Pour le mettre au passage, il faut après l'avoir enfermé dans les aides, soutenir légèrement la main de la bride, laquelle maintient les épaules en ralentissant les mouvements en avant, pendant que les jambes, par leur pression aidée de l'éperon, actionnent l'arrière-main et font arriver le cheval sur le mors. Dans cette position celui-ci élève ses actions, ne pouvant les développer. On en profite alors pour l'obliger à les soutenir, à les détacher autant que possible du sol, en recourant à des petits effets de mains presque imperceptibles qui soutiennent et règlent chaque mouvement des épaules.

« Les jambes, de leur côté, toujours en rapport avec la main, complètent l'ensemble du travail des aides. Elles maintiennent l'action de l'arrière-main, au moyen de pressions soutenues par l'éperon, s'il est nécessaire, et qui arrivent également à marquer sur les flancs du cheval par des pressions nerveuses, mais pareillement imperceptibles à l'œil, la mesure régulière de chaque temps. Car si l'on précipitait l'allure, il est constant que l'exécution du passage se perdrait. » (V. Franconi. *L'Écuyer*.)

Tous les chevaux n'ont pas les qualités requises pour cet air de manège.

Les chevaux sans vigueur, ont un travail monotone et près de terre et manquent d'élévation, tandis que les chevaux pleins d'énergie et de force exécutent ces mouvements avec une cadence lente et semblent planer en l'air dans une majestueuse élégance.

7° DU PAS ESPAGNOL

Le pas espagnol est un pas relevé et une sorte de passage dans lequel les temps stimulés par l'action des aides, atteignent une grande élévation.

Ce mouvement s'obtient en poussant le cheval dans les jambes avec énergie et en l'appuyant sur les poignets, de manière que le cheval ne puisse s'échapper en avant, soutienne ses temps de trot et les élève. Le cavalier éprouve de fortes secousses.

On peut le dresser de pied ferme en le frappant de la cravache à l'intérieur des jambes près du coude, afin de le contraindre à les étendre.

Dès qu'il obéit, on le monte et on remplace bientôt la cravache par les jambes; la jambe gauche du cavalier sert pour le soutien de la jambe droite du cheval et vice versâ.

En empêchant le cheval de s'étendre, le cavalier obtient une marche lente et cadencée et la fait suivre bientôt de quelques temps de trot en augmentant la pression des jambes jusqu'à l'éperon, s'il est nécessaire.

Plus le ramener est soutenu, plus le pas espagnol se développe dans une brillante élévation.

CHAPITRE XVI

Des allures défectueuses et irrégulières.

Galop à quatre temps. — Amble. — Amble rompu. — Pas relevé. — Traquenard. — Aubin. — Chevaux qui troussent, rasent le tapis, se bercent, billardent, forgent, se coupent, harpent et ont les jarrets vacillants.

Le pas, le trot, et le galop à trois temps, sont les allures naturelles du cheval. Après sa naissance, dès qu'il se sent assez de force et d'énergie pour se mouvoir, le poulain marche de lui-même à ces allures sans qu'aucun mode de dressage intervienne pour lui en apprendre le mécanisme.

Toutefois, quelques chevaux, soit parce qu'ils sont mal conformés, soit parce qu'ils ont été dressés de cette façon, prennent des allures irrégulières et défectueuses, telles que le galop à quatre temps, l'amble, l'amble rompu, le pas relevé, le traquenard et l'aubin.

Il y en d'autres qui troussent, rasent le tapis, se bercent, billardent, forgent, se coupent, harpent et ont les jarrets vacillants.

C'est à corriger ces défauts ou autant que possible à les atténuer que le cavalier devra s'appliquer.

1° GALOP A QUATRE TEMPS

Dans le galop à quatre temps, le cheval fait entendre quatre battues au lieu de trois ; le membre postérieur du côté du galop, qui, au lieu d'arriver en même temps, arrive à l'appui après le membre antérieur opposé, produit la quatrième battue.

Si le cheval galope à droite, les membres font leur appui dans l'ordre suivant :

1er temps, membre postérieur gauche ; 2e temps, membre postérieur droit ; 3e temps, membre antérieur gauche ; 4e temps, membre antérieur droit. Les quatre membres arrivent à terre et se lèvent l'un après l'autre.

Cette allure est plus lente que celle à trois temps ; elle fatigue le cheval et use prématurément ses membres de derrière, en les surchargeant au profit de l'avant-main, qui est dégagée et peut se développer avec aisance.

On l'emploie généralement pour la voltige dans les cirques ; en effet, l'arrière-main du cheval rase presque le tapis et produit ainsi des réactions moins dures, qui permettent aux écuyers de se livrer à leurs gracieux exercices, tels que sauts périlleux, passages à travers des cerceaux garnis de papier, etc.

C'est donc une allure qui doit être sévèrement proscrite du dressage du cheval, et ramenée, si elle se produit, à celle à trois temps, car son irrégularité présente de trop graves inconvénients pour faire l'objet d'une leçon utile.

2° DE L'AMBLE

L'amble consiste dans le mouvement simultané des deux jambes du même côté, alternativement avec l'élévation de celles du côté opposé, de manière qu'il n'en résulte que deux battues pour les quatre extrémités.

Dans cette allure, les deux pieds du bipède latéral en l'air se lèvent et se posent ensemble, en ne faisant entendre qu'une battue ; toutefois, il y a quatre foulées provenant de ce que le pied postérieur va se placer en avant de l'endroit qu'occupait auparavant le pied antérieur.

Le cheval, n'étant appuyé que de chaque côté à la fois, l'équilibre est très instable. Il est obligé de marcher les hanches basses et de raser le tapis au moindre faux pas, il bute et tombe. Aussi, il ne peut suivre les terrains durs et rocailleux et doit marcher sur un sol uni et doux.

Le pas de cette allure est plus petit que celui du pas ordinaire et embrasse moins d'espace; mais le cheval meut ses membres avec une telle rapidité qu'il franchit une plus grande distance qu'au pas ordinaire dans le même laps de temps.

L'amble provient de trois causes différentes: faiblesse, usure et dressage. Dans les deux premiers cas, il est difficile à rompre et à détruire et on ne peut y parvenir qu'en ralentissant le pas, et en replaçant la tête et l'encolure dans une position normale.

Pour obtenir cette allure, on attache ensemble par une corde les deux extrémités de chaque bipède latéral, lorsque le poulain broute encore l'herbe des pâturages.

Elle est encore assez recherchée dans quelques contrées de la Normandie ou de la Bretagne, où l'on exerce les jeunes chevaux à cette allure qui est plus douce et plus agréable lorsqu'on parcourt de longs trajets à cheval.

C'est surtout au moyen âge qu'elle était en honneur.

Les chevaux des tribus tartares de l'Asie centrale, des Arabes et en général de tous les peuples nomades, dont les vastes déserts et steppes manquent de voies de communication, sont habitués à marcher l'amble et franchissent en une journée 15 à 20 lieues, sans faire éprouver à leurs cavaliers la moindre fatigue.

3° AMBLE ROMPU

L'amble rompu est une allure à quatre temps, dans laquelle les deux pieds du bipède latéral se lèvent successivement, le postérieur un peu avant l'antérieur, les deux pieds qui se meuvent ensemble touchent le sol l'un après l'autre, le postérieur un peu avant l'antérieur. De cette façon on entend quatre battues successives.

C'est une sorte d'amble, poussée à son maximum de vitesse, mais d'un équilibre plus stable, car chaque pas renferme deux bases latérales et deux bases diagonales.

Cette allure est plus rapide que l'amble ordinaire et exige de la part du cavalier un continuel soutien des aides et une vigoureuse pression des jambes. Un cheval peut y parcourir 10 kilomètres à l'heure, mais s'use promptement.

4° PAS RELEVÉ

Dans le pas relevé, le cheval repose alternativement sur un bipède diagonal et sur un bipède latéral et ses membres se meuvent en diagonale, comme dans le pas ordinaire.

Il rase le tapis et marche plus vite que dans le pas.

Pour dresser le cheval à cette allure, on réunit ses bipèdes diagonaux au moyen d'une corde, et on les détermine en avant en les empêchant de prendre le trot.

5° DU TRAQUENARD

Le traquenard est un mouvement simultané de chaque bipède latéral, dans lequel les deux pieds ne se lèvent et ne se posent pas tout à fait en même temps, de manière à faire entendre quatre battues.

Cette allure, plus défectueuse que l'amble, a pour cause la faiblesse du rein et l'usure des jambes de derrière; elle achève de ruiner le cheval et de le mettre dans l'impossibilité de faire aucun service.

On la rencontre surtout chez les chevaux qui ont longtemps traîné de lourdes charrettes et dont l'arrière-main est complètement usée; ils n'ont plus assez de force pour soutenir le trot et prennent ce tricotement répété qui constitue le traquenard.

6° DE L'AUBIN

L'aubin est une allure dans laquelle le cheval galope du devant et trotte du derrière ou trotte du devant et galope du derrière. Il est caractérisé par quatre battues.

Le cheval lève l'avant-main sur l'arrière-main comme dans le galop; le derrière impuissant à enlever la masse, la chasse comme dans le trot; le cheval ne quitte terre que de l'une des extrémités du bipède postérieur, au lieu de la quitter des deux comme dans le galop.

Les chevaux d'omnibus à Paris et de chasse usés, les poulains dont les muscles sont encore sans consistance, si on les pousse au galop, marchent à cette allure, la plus défectueuse de toutes, car elle dénote une ruine sans remède, rebelle à tout repos même prolongé et à tout moyen de dressage.

7° CHEVAUX QUI TROUSSENT

Un cheval trousse, lorsqu'il élève ses membres antérieurs plus qu'il ne faut à l'allure du trot.

Ce défaut donne du brillant et de la légèreté aux mouvements de l'avant-main, mais produit un ralentissement marqué dans la vitesse des allures; le cheval perd du temps en laissant longtemps ses membres en l'air et n'embrasse qu'un petit espace de terrain, car il perd en longueur ce qu'il gagne en hauteur.

Les chevaux à l'encolure rouée ont des dispositions naturelles à trousser et deviennent alors d'une préparation facile aux airs de haute école.

8° CHEVAUX QUI RASENT LE TAPIS

Le cheval qui rase le tapis, au contraire, détache peu les pieds du sol.

Les chevaux qui ont des rayons inférieurs, tels que le canon et le paturon courts, sont conformés pour cette action qui les fait buter surtout si le terrain est raboteux et inégal.

La vitesse est plus grande qu'au pas ordinaire, car le cheval gagne en longueur ce qu'il perd en hauteur, mais il exige un soutien des jambes plus accentué pour éveiller son attention, l'obliger à lever les jambes, de manière qu'il ne tombe pas.

Les chevaux de pur sang anglais, rasent le tapis surtout au galop. Leur mode d'entraînement réclame un immense développement des mouvements de l'avant-main et de l'arrière-main qu'ils ne peuvent obtenir qu'en s'allongeant le plus près de terre possible.

9° CHEVAUX QUI SE BERCENT

Les chevaux se bercent, lorsqu'au pas ou au trot ils font osciller leur corps de droite à gauche et de gauche à droite par faiblesse ou par mollesse.

Si ce balancement est dû à la faiblesse, il faut donner au cheval une nourriture substantielle qui le fortifie.

Si c'est par mollesse, il est nécessaire de placer le cheval droit d'épaules, de corps et de hanches, de le soutenir énergiquement dans les jambes et de l'appuyer sur le mors.

Le bercement a lieu par l'avant-main et l'arrière-main.

Dans ce dernier cas, il rend le cheval incapable d'exécuter certains mouvements avec précision, tels que les voltes, le travail des deux pistes.

Les chevaux panards, cagneux et ceux ouverts du devant ou du derrière, sont prédisposés à ce fâcheux défaut.

10° CHEVAUX QUI BILLARDENT

Un cheval billarde lorsqu'en marchant, il jette ses jambes de devant en dehors. Ce mouvement nuit à la rapidité des allures et fatigue le cheval.

11° CHEVAUX QUI FORGENT

Un cheval forge, lorsqu'au pas ou au trot, il frappe avec la pince du pied de derrière les éponges ou la voûte du pied de devant du même bipède latéral.

Ce défaut est dû soit à la maladresse du cavalier, soit à la conformation défectueuse de l'animal.

Dans le premier cas, le cavalier surcharge trop de son poids l'avant-main, qui n'a plus assez de force pour se déplacer suffisamment en avant et reçoit le choc de l'arrière-main.

Dans le second cas, l'arrière-main est trop élevée et trop énergique par rapport à l'avant-main, le rein est long et faible.

La ferrure est un des meilleurs remèdes pour empêcher les chevaux de forger. A cet effet, on abat les talons et on amincit les éponges des pieds antérieurs, en ayant soin de tronquer les pinces des pieds postérieurs.

Lorsque le cheval forge dans son extrême jeunesse, il n'y a pas lieu de s'en inquiéter, car les forces qu'il prend en atteignant l'âge adulte suffisent à le guérir.

On peut détruire ce défaut en faisant prendre au cheval des allures lentes, de manière à répartir également ses forces et à le placer dans un équilibre régulier en le grandissant de l'avant-main par un soutien sévère des poignets.

Le cheval, en forgeant, se donne des atteintes qui contusionnent sa corne et quelquefois blessent ses tendons. Il a des tendances à buter et à s'abattre sous le cavalier.

12° CHEVAUX QUI SE COUPENT

Lorsque, pendant la marche, les chevaux se heurtent quelque partie inférieure des membres posant sur le sol, avec les pieds des membres en mouvement, on dit qu'ils se *coupent* et s'*entretaillent*.

C'est à la couronne, au boulet, au canon et au genou que le cheval se touche, toujours à la même place.

Le poil est enlevé et souvent une plaie profonde se creuse.

Si le cheval se coupe à la partie interne du boulet, cela tient à sa faiblesse, à la nature du sol et au mauvais état de sa ferrure.

S'il se coupe à la partie postérieure, cet accident est dû à un défaut d'aplomb ou à l'épaisseur inégale du fer attaché au pied.

Si le cheval s'entretaille au canon ou au genou, c'est qu'il trousse en portant le sabot en dedans.

Les chevaux panards se coupent avec l'éponge du fer.

Les chevaux cagneux se coupent avec la mamelle.

Lorsque les chevaux se font des atteintes parce

qu'ils sont trop jeunes ou trop faibles, il faut proportionner leur travail à leurs forces, et bientôt ces accidents disparaissent.

Lorsqu'ils se coupent par suite du manque d'aplomb, il est nécessaire d'apporter à leur ferrure les plus grandes précautions.

On leur applique des fers ordinaires, dont on lime la rive extérieure de la branche interne, afin qu'elle ne dépasse pas la corne.

On peut aussi entourer le membre attaqué d'une bottine en cuir qui protège la partie susceptible d'être blessée contre le frottement de l'autre pied.

Les chevaux ruinés et vieux, ceux qui se bercent, sont difficiles à corriger de ce défaut, qui souvent est le résultat d'allures forcées.

13° CHEVAUX QUI HARPENT.

On dit qu'un cheval harpe lorsque le membre postérieur s'élève et s'abaisse brusquement avec un mouvement saccadé.

Le cheval qui a des *éparvins secs* exécute ces flexions désagréables à la vue, et qui disparaissent à mesure que le cheval marche et s'échauffe.

C'est au trot qu'elles se montrent dans toute leur étendue.

14° CHEVAUX A JARRETS VACILLANTS.

Lorsque le cheval appuie ses membres postérieurs, ils oscillent à droite et à gauche et *vacillent*.

Le cheval qui a les jarrets vacillants est faible de l'arrière-main et souffre lorsqu'on le fait reculer.

Il faut éviter de choisir pour le service de la selle des chevaux atteints des défauts que nous venons d'énumérer. Ils sont difficiles à dresser, dangereux à monter, car leur maladresse les prédispose à se couronner ; enfin, leurs membres s'usent prématurément et il leur est impossible de fournir une longue course à des allures vives et de se livrer à des exercices fatigants

CHAPITRE XVII

Des moyens de châtiments.

Principaux moyens de châtiments. — De la chambrière. — De la cravache. — De l'éperon.

1° PRINCIPAUX MOYENS DE CHATIMENT

Souvent, le cheval n'obéit pas aux aides naturelles, telles que les bras et les jambes, et oppose à leur action une vive résistance. Lorsque le cavalier veut le déterminer à se porter en avant en rendant la main et en fermant les jambes, il reste immobile, se cabre ou rue et refuse de marcher.

Le cavalier doit combattre et vaincre cette force d'inertie, qui provient soit de faiblesse, soit d'ignorance, soit de mauvaise volonté. Dans les deux premiers cas, il doit user d'une grande modération pour vaincre les résistances de sa monture, se montrer calme et patient en apprenant au cheval l'usage des aides et arriver insensiblement à obtenir de sa bonne volonté l'exécution des mouvements qu'il lui demande. Il se sert des jambes en les pressant progressivement et sans brusquerie en arrière des sangles, et le cheval ainsi soutenu et pressé, se porte en avant.

Avant de châtier le cheval avec la chambrière, la cravache ou l'éperon, il est nécessaire de se rendre compte des causes qui ont provoqué ses défenses, afin de ne pas le décourager et le rendre rétif par une correction maladroite et inopportune. C'est au moment où la faute vient d'être commise qu'elle doit être sévèrement réprimée, pour que le cheval sache bien quels sont les vrais motifs du châtiment qui lui est infligé.

Quelques instants après, cette répression serait inutile et même désastreuse, et elle pourrait compromettre le succès de son dressage. La violence des coups doit être rigoureusement proportionnée au naturel du cheval, et un faible châtiment, appliqué à temps et avec discernement, suffit à rendre l'animal obéissant. Le châtiment est, autant que possible, toujours précédé d'un avertissement des aides.

2° DE LA CHAMBRIÈRE.

On use de la chambrière surtout pendant la

première période du dressage des jeunes chevaux, lorsqu'ils sont mis au travail, à la longe. Le cavalier la tient dans la main, la lanière abaissée vers la terre. Si le cheval qui travaille en cercle s'arrête et hésite à se porter en avant avec franchise, le cavalier élève sa chambrière dans un sens horizontal et parallèle à la croupe, et l'agite sans en toucher le cheval.

Si ce simulacre ne suffit pas, il projette légèrement et avec lenteur la lanière sur la croupe, et n'augmente l'attouchement qu'avec précaution, pour forcer le cheval à l'obéissance.

Dans ce cas, la chambrière est plutôt une aide destinée à préparer certains mouvements et à les faire exécuter, qu'un moyen de châtiment. Elle ne joue ce rôle que si le cheval, continuant à résister aux appels réitérés de la langue et aux indications énergiques du caveçon, le cavalier en applique de vigoureux coups sur l'épaule et la croupe de son élève, pour le déterminer à marcher ou à s'éloigner du centre du cercle où il s'obstine à se jeter.

La chambrière sert à stimuler les chevaux mous et paresseux, et à communiquer à leur allure de la vitesse et du brillant; on l'emploie pour enseigner l'air du piaffer entre les piliers.

C'est surtout lorsque le cheval montre un caractère indocile et refuse de se soumettre à l'action des mains et des jambes, qu'on en fait un usage efficace.

S'il est frappé d'immobilité et se défend sur place, un aide lui applique sur la croupe de violents coups de chambrière, auxquels il ne se dérobe qu'en se portant en avant.

S'il s'arrête brusquement devant un obstacle, barrière ou haie, la chambrière le contrarie dans son hésitation et l'oblige à franchir l'objet de ses appréhensions.

La chambrière doit être maniée avec tact ; elle exige le secours d'un aide, lorsque le cavalier est en selle ; aussi son emploi n'est-il limité, avec raison, qu'aux leçons du dressage à la longe, du poulain, et aux premières séances des sauts d'obstacles.

3° DE LA CRAVACHE

La cravache est tenue par le cavalier, soit la mèche en l'air, soit sous le bras droit, la pointe vers la croupe. C'est à la fois un aide et un moyen de châtiment. Comme aide, on touche légèrement l'épaule du cheval pour le porter en avant, ou le flanc et la croupe pour chasser son arrière-main sous le centre de gravité et augmenter la vitesse de l'allure. Elle réveille l'ardeur du cheval et augmente ses actions. Elle est indispensable dans tout le travail entre les piliers (piaffer, croupade, ballotade), et pour obtenir des élévations et du tride dans les airs relevés, tels que le pas espagnol et le passage.

Elle est utile aux dames pour mettre leurs chevaux au galop, leur faire appuyer les hanches et remplacer la jambe droite placée sur la fourche.

Il est difficile de se servir de la cravache avec tact. Lorsqu'un cheval se cabre ou rue avec énergie, la main droite employée à tenir la cravache ne peut aider la main de bride, et le cavalier déplace son assiette et dérange son équilibre en appliquant de vigoureux coups de cravache, par l'élévation et l'abaissement alternatif de son bras.

La cravache, toutefois, sans pouvoir avantageusement rendre les mêmes services que l'éperon, est un aide et un moyen de châtiment que le cavalier ne saurait négliger. Le cheval obéit mieux à ses attouchements qu'aux piqûres de l'éperon qui le chatouillent et provoquent ses défenses.

4° DE L'ÉPERON.

L'éperon est un des moyens de châtiment les plus puissants et les plus efficaces pour combattre et vaincre les plus opiniâtres résistances du cheval.

La douleur qu'il lui fait éprouver est si cuisante, qu'il est obligé de se soumettre aux exigences de son cavalier et renonce à prolonger une lutte inégale, où il doit infailliblement succomber.

On ne peut appliquer l'éperon avec assurance et avec fermeté que si l'on possède une assiette solide et que si l'on marche sur un terrain où le cheval, ainsi surexcité, ne risque pas de glisser et de s'abattre. L'éperon ne saurait être employé mal à propos et d'une manière brutale et irréfléchie.

Pour attaquer de l'éperon, il faut bien s'asseoir en fixant les genoux, éloigner les jambes du corps du cheval, pour frapper avec plus de force, et appliquer de violents coups d'éperon en arrière et près des sangles, par pressions saccadées. La main doit être suffisamment soutenue pour empêcher le cheval de se porter en avant, à une allure désordonnée, et le diriger dans le sens du mouvement demandé.

Le cavalier évite de laisser l'éperon constamment en contact avec le poil, afin de ne pas agacer inutilement sa monture et de ne pas la faire bondir, ruer, ou s'arrêter. Il cesse immédiatement tout emploi de l'éperon, lorsqu'il a suffisamment corrigé le cheval de sa faute, ou qu'il a été convenablement compris et obéi.

L'application des éperons contre le ventre du cheval se fait plus ou moins en arrière des sangles, selon le degré d'opposition de l'animal qui s'arrête et souvent recule à la sensation du fer.

Certains chevaux nerveux et irritables deviendraient rétifs et dangereux à monter, si on les frappait maladroitement de l'éperon.

Les chevaux de race commune, lymphatiques, ont besoin d'être excités par l'éperon. Dans ce cas, le cavalier ferme progressivement les jambes en arrière des sangles, jusqu'à ce que l'éperon arrive au poil, en ayant soin d'assurer le corps, de se lier des cuisses, des jarrets et des gras des jambes au cheval et de baisser les poignets.

Le pincer des éperons a pour but de déterminer le cheval à se porter en avant, s'il est de pied ferme, et à augmenter la vitesse de son allure, s'il est au pas, au trot ou au galop. C'est une aide qui complète l'action des jambes et l'accentue davantage.

Les mollettes ne doivent pas être trop pointues, car elles couperaient la peau du cheval et amèneraient des plaies difficiles à guérir et douloureuses, qui provoqueraient d'énergiques défenses capables de jeter le cavalier à terre.

On doit éviter de le chatouiller sans cesse avec cet instrument sévère et de le tracasser par des attouchements répétés, qui distraient son attention et l'empêchent d'exécuter avec calme et régularité les mouvements qu'on lui demande.

L'éperon s'emploie surtout lorsqu'on exige du cheval un travail violent, tel que sauts de haie ou de fossé, ou qu'on lui fait parcourir à une allure vive, une longue course nécessitant de pénibles efforts

CHAPITRE XVIII

Des défenses du cheval.

Écarts. — Pointe. — Ruade. — Reculer. — Demi-tours brusques. — Bonds. — Immobilité. — Chevaux qui s'emportent. — Chevaux qui cherchent à mordre la jambe du cavalier et le serrent contre le mur du manège.

Les défenses du cheval sont provoquées par différentes causes qui sont la gaieté, la peur, une conformation défectueuse, la faiblesse ou la maladresse de l'homme. Elles sont de plusieurs sortes et réclament une prompte et énergique répression : un moment d'hésitation du cavalier peut rendre la défense dangereuse et compromettre le succès du dressage.

L'intelligence du cheval est assez développée pour qu'il sente l'effet produit par ses défenses sur l'assiette du cavalier et sur ses moyens de conduite ; aussi, il s'y livre fréquemment, dès qu'il s'aperçoit qu'il peut le faire impunément et qu'il en tire quelque avantage.

Les principales défenses du cheval sont : l'écart,

la pointe, la ruade, le reculer, le demi-tour brusque, les bonds, l'immobilité. Il y a des chevaux qui s'emportent et d'autres qui cherchent à mordre le pied ou la jambe du cavalier et qui le serrent contre le mur du manège.

1° DE L'ÉCART

L'écart est le mouvement d'un cheval qui quitte la ligne droite où il marche pour se jeter brusquement à droite où à gauche. C'est souvent par gaieté que les jeunes chevaux se livrent à des écarts et c'est toujours par peur que les chevaux faits y sont sujets. Le cavalier doit être attentif, lorsqu'il monte ces animaux ombrageux et se tenir sur ses gardes afin d'éviter les surprises.

Si le cheval effrayé par un objet se jette à droite, le cavalier doit le ramener sur le chemin qu'il suivait en attirant la tête à gauche avec la rêne gauche du filet et en appuyant fortement la rêne droite sur l'encolure, fermer la jambe droite très en arrière des sangles et l'amener par ces moyens sur l'objet de sa crainte.

Dans le cas où il résiste à ces aides, il agit par saccades sur la rêne gauche de filet et continue la pression de la jambe droite en le pinçant de l'éperon; il se sert aussi de la cravache dont il frappe l'épaule droite du cheval.

Si le cheval se jette à gauche, on emploie les moyens inverses.

Il faut avoir soin de ne pas irriter sa monture par un châtiment trop sévère, surtout si l'écart provient d'un accès de gaieté ou d'un défaut de vue. C'est avec de la douceur et de la patience que le cavalier paralysera cette défense. Quelquefois certains cavaliers inexpérimentés laissent leur monture se livrer en toute liberté aux écarts les plus brusques sans leur infliger la plus légère correction et ce n'est que lorsqu'ils ont dépassé l'objet qui terrifie le cheval et lorsque celui-ci à repris la bonne voie qu'ils le corrigent brutalement. Cette méthode est déplorable, car le cheval habitué à être cravaché et éperonné, sa faute terminée, chaque fois qu'il apercevra un objet susceptible de l'effrayer, s'en éloignera par des écarts violents et pourra même s'emporter.

2° DE LA POINTE

La pointe ou le cabrer est une défense par laquelle le cheval s'arrête tout d'un coup et s'enlève de l'avant-main; cette défense est dangereuse, soit que le cavalier glisse le long de la selle et tombe à terre, soit que le cheval se renverse sur le dos.

Elle est occasionnée le plus généralement par la dureté de la main du cavalier, qui exerce une trop puissante traction sur la bouche du cheval, douée d'une extrême sensibilité et qui, pour ainsi dire, rejette le poids de l'avant-main sur l'arrière-main. Quelquefois elle est le propre d'un cheval rétif qui, ne voulant pas franchir un obstacle ou passer près d'un objet quelconque, se soustrait aux aides du cavalier par cette défense.

Il faut, autant que possible, prévenir la pointe en rendant la main, en poussant le cheval dans les jambes et en l'excitant de l'éperon, s'il est nécessaire, au moment où ses jambes de derrière viennent prendre un point d'appui sous le centre de gravité

S'il n'a pas eu le temps de paralyser ce mouvement dès que le cheval est en l'air, le cavalier saisit une poignée de crins près de la nuque avec la main gauche, penche le corps en avant pour ne pas charger l'arrière-main et en entraîner la chûte et opère sur la rêne droite du filet de légères secousses, afin de distraire le cheval et de l'obliger à baisser la tête et l'encolure et à poser ses membres antérieurs sur le sol.

Le cavalier applique à son cheval quelques

coups d'éperons et de cravache afin de le déterminer en avant; il fixe les poignets et ne chausse les étriers que très peu, de manière à peser moins dessus et à pouvoir les abandonner sans efforts, si le cheval se renversait sur lui.

Le cheval ne se renverse que lorsqu'il a les jarrets faibles et incapables de soutenir le poids de son corps ou qu'il y est sollicité par la main du cavalier, qui surpris par un cabrer imprévu, s'attache et se suspend aux rênes si fortement qu'il précipite la chute du cheval et risque d'être écrasé par sa masse.

Aussi, le premier soin du cavalier est-il de rendre la main et de n'exercer sur la bouche du cheval que des saccades de haut en bas et de droite à gauche ou de gauche à droite, suivant le côté où il se cabre.

Il ne faut pas embrasser l'encolure du cheval avec le bras gauche, car il peut heurter de sa tête la figure du cavalier et le contusionner; en outre il lui fait perdre son assiette quand il retombe à terre.

Plus l'enlever de l'avant-main est élevé, plus il faut pencher le corps en avant et rendre la main.

C'est un défaut qu'il faut combattre dès le début,

car le cheval en contracte vite l'habitude, use prématurément ses jarrets et devient d'une rétivité incorrigible.

3° DE LA RUADE

La ruade est une défense par laquelle le cheval déchargeant tout le poids de son corps sur ses membres antérieurs, détache du sol plus ou moins haut ses membres postérieurs en montrant ses fers.

Un grand nombre de chevaux ruent, parce qu'ils ont un vice de conformation et souffrent des reins et des jarrets; certaines juments hystériques ont ce défaut. Pour atténuer les effets de cette conformation défectueuse, le cavalier s'efforce de fortifier les parties faibles du cheval par une nourriture substantielle et par des exercices méthodiques.

Un cheval convenablement nourri, qui chaque jour travaille régulièrement a les jarrets et les reins assez puissants et assez souples pour exécuter sans éprouver aucune douleur les mouvements qu'on lui fait faire. C'est donc en usant de calme et de patience que le cavalier arrive à détruire la tendance à ruer de sa monture, et en la portant sur l'avant-main, afin de dégager l'arrière-main. Il est nécessaire d'appuyer fortement sur les poignets le cheval faible du rein et de chasser ses hanches en avant.

Avec les chevaux chatouilleux, trop irritables pour supporter le contact de l'éperon, le cavalier ne se sert que des jambes qu'il approche progressivement en arrière des sangles et dont il cesse les pressions dès qu'il sent que le cheval s'arrête et se dispose à ruer.

Le cavalier dont la monture est sujette à la ruade, ne doit pas laisser ralentir l'allure d'elle-même et passer à l'arrêt brusquement; il l'actionne, au contraire, des jambes et rend la main. Si malgré ces précautions elle rue, il relève la tête par un soutien énergique du bridon et applique un vigoureux coup de cravache sur l'épaule; il ne fait usage de l'éperon que si le cheval persiste dans sa défense et, après chaque pression du fer, il rend la main pour permettre au cheval de se porter en avant; ce dernier moyen de châtiment réussit le plus souvent et empêche le cheval de prolonger sa ruade.

Le cheval ne rue jamais droit; pour le redresser on se sert de la jambe du côté ou il jette ses membres postérieurs et s'il résiste on oppose les épaules aux hanches.

Le cavalier pendant la ruade, porte le haut du corps en arrière et fixe les genoux solidement à la selle de manière à se lier intimement aux mouvements du cheval et à ne pas être projeté sur l'encolure.

La chambrière et les appels de langue sont d'un utile secours.

Les chevaux qui envoient à la botte du cavalier des coups de pieds sont corrigés de ce défaut par un coup de cravache donné du côté où ils ruent et par une traction de la rêne qui attire la tête et l'encolure de ce côté.

4° DU RECULER

Lorsqu'un cheval soit par peur, soit par malice s'arrête et recule, le cavalier rend la main, porte le buste très en arrière pour charger l'arrière-main et paralyser sa marche en arrière et ferme les jambes en arrière des sangles le plus possible. Le cheval ainsi poussé dans les jambes ne sentant plus le mors de bride s'opposer à sa marche en avant, cesse de reculer et se porte franchement en avant.

Si les jambes et l'éperon sont impuissants à arrêter cette défense, une sévère application de la cravache sur la croupe détermine le cheval à se porter en avant.

Si le cheval continue à reculer, on accélère par une traction sur les rênes ce mouvement de reculer jusqu'à l'acculement de manière à le rebuter et à le forcer à se porter en avant par excès de fatigue de l'arrière-main.

Ce défaut est d'autant plus dangereux que le cheval ne sachant où il se dirige peut être précipité dans un fossé ou une rivière ou quelque endroit d'où il lui serait difficile de se retirer.

5° DU DEMI-TOUR BRUSQUE OU TÊTE A QUEUE

Le demi-tour brusque est précédé d'un écart et provient ou de peur ou de mauvaise volonté. Quel qu'en soit le motif, il faut diriger le cheval sur l'objet qui a provoqué ce mouvement en usant des aides suivantes :

Si le cheval fait un demi-tour à droite, le cavalier le ramène par un demi-tour à gauche en ouvrant la rêne gauche, qui attire la tête à gauche et en fermant la jambe droite; on décompose ce demi-tour à gauche en deux demi à gauche, afin de le contraindre insensiblement à reprendre sa direction primitive.

Le demi-tour à gauche se corrige par un demi-tour à droite.

On doit laisser faire au cheval quelques pas dans la direction opposée et ne pas l'arrêter sur les jarrets pour le remettre immédiatement et sur place dans l'ancienne voie. Si après son demi-tour, il a pris le trot ou le galop, on éteint progressivement ces allures, et ce n'est que lorsqu'il marche au pas qu'on replace la tête et les épaules dans la direction prise avant cette défense.

Le tête à queue déplace tellement l'assiette du cavalier et apporte un si grand dérangement dans son équilibre que souvent il est jeté à terre. C'est en ayant toujours les yeux fixés sur les oreilles de son cheval, et sur le terrain qu'il parcourt, qu'on est prévenu à temps des défenses qu'il est susceptible d'opposer et qu'on peut les combattre avec efficacité.

6° DES BONDS

Les bonds sont des mouvements de fougue et gaieté auxquels les jeunes chevaux se livrent surtout au sortir de l'écurie, parce qu'ils ont le rein haut et n'ont pas été suffisamment baissés par le travail à la longe.

On a soin, avant de monter à cheval, de faire promener le cheval en main pendant quelques minutes pour le calmer et déraidir ses membres. De cette façon, les articulations prennent leur jeu normal et ne le prédisposent plus à des bonds violents, qui sont d'autant plus désagréables que le cavalier n'est pas encore bien assuré sur sa selle.

Un cheval qui bondit baisse généralement la tête et l'encolure vers le sol afin de s'enlever plus facilement. On relève ces parties en haussant les poignets qui tiennent les rênes de filet et même en sciant du bridon, si le cheval résiste à cette aide ; les jambes et la cravache le poussent en avant. Il ne faut pas tirer sur les rênes d'une manière continue car le cheval y prend quelquefois un solide point d'appui qui favorise sa défense et augmente son degré de violence.

Les bonds sont toujours un indice de vigueur de la part de l'animal et exigent du cavalier une solide assiette.

7° DE L'IMMOBILITÉ.

Quelques chevaux ont des défenses énergiques, s'arrêtent et se campent du devant, sans qu'il soit possible de les faire avancer.

Ce défaut est grave et est le symptôme de l'immobilité, qui est un vice rédhibitoire, jugé incurable.

Les chevaux qui en sont atteints sont ceux soumis à des courses longues et rapides, à des travaux pénibles, ceux dont les jarrets et les boulets sont mal articulés, dont le flanc est retroussé. Ils éprouvent une certaine difficulté dans les mouvements latéraux de l'encolure et de l'épine dorsale.

Cet état maladif amène l'immobilité du cheval, qui reste en place sans qu'on puisse discerner le motif de cette fixité au sol.

Des demi-tours sur les épaules et les hanches en déplaçant les membres antérieurs et postérieurs viendront à bout de cette défense qui ne présente aucun danger pour la sûreté du cavalier.

8ᵉ DES CHEVAUX QUI S'EMPORTENT.

Les chevaux s'emportent sous l'influence de causes multiples ; les uns pour fuir précipitamment un objet qui les effraie, les autres parce qu'ils sont trop nerveux, ceux-ci par faiblesse du rein, ceux-là par mauvais traitement du cavalier.

Un cheval emporté est très dangereux ; il est affolé, n'obéit plus aux aides du cavalier et dans sa course vertigineuse et désordonnée, il peut se jeter contre un mur, un arbre ou dans un trou.

Il faut se garder de provoquer cette défense en ayant de la justesse dans l'emploi de ses aides, de la fixité dans son assiette et en évitant de désespérer son cheval par des moyens de conduite trop durs et des pressions de l'éperon trop violentes.

Dès que le cavalier sent son cheval prendre un appui trop fort sur le mors et gagner à la main en accélérant sa vitesse, il élève les mains en sciant du bridon, si le cheval s'encapuchonne, et il baisse les poignets si le cheval porte au vent.

S'il ne peut arriver à se rendre maître de sa monture, il attire la tête du cheval tantôt à droite, tantôt à gauche pour rompre le mécanisme de son galop, et l'obliger à le ralentir.

Il porte le corps en arrière, s'arc-boute sur les étriers, arrête et rend de manière à détruire le point d'appui.

Dans le cas où il se sent impuissant à arrêter son cheval, il cherche, si le terrain le permet, à le mettre en cercle.

L'emploi de la martingale est nécessaire pour conduire les chevaux qui portent au vent.

Les chevaux qui ont le vertigo, (sorte de maladie cérébrale) et ceux qui souffrent du rein sont difficiles à maîtriser et ne peuvent être choisis pour le service de la selle.

9° CHEVAUX QUI CHERCHENT A MORDRE LA JAMBE OU LE PIED DU CAVALIER ET LE SERRENT CONTRE LE MUR.

C'est en attirant la tête du cheval du côté opposé où il se jette pour mordre la jambe ou le pied du cavalier et en lui appliquant un coup de cravache sur le nez que celui-ci parviendra à le corriger de ce défaut qui provient d'un caractère irascible et nerveux.

Dans le cas où le cheval se dirige vers le mur pour y serrer la jambe du cavalier, celui-ci attire vivement la tête de ce côté afin d'éloigner les hanches du mur en fermant la jambe du même côté.

Dès que le cheval, a la croupe perpendiculaire au mur, par suite d'une pirouette, on le porte en avant par une pression énergique des jambes et un vigoureux coup de cravache.

CHAPITRE XIX

Sauts d'obstacles.

Travail préparatoire du cheval au saut d'obstacles. — Sauts d'obstacles.

1° TRAVAIL PRÉPARATOIRE DU CHEVAL AU SAUT DES OBSTACLES.

Les sauts d'obstacles forment le complément indispensable de l'instruction du cavalier et du cheval.

Les obstacles sont de deux sortes : 1° ceux en hauteur, tels que la haie, le talus, la barre, la banquette irlandaise, variant entre soixante centimètres et un mètre trente et toujours fixes ; 2° ceux en largeur, tels que le fossé, la douve, la rivière, atteignant de deux à cinq mètres.

Le cheval est d'abord exercé à sauter ces obstacles sans être monté ; il est muni du caveçon et de la longe.

L'instructeur le conduit près de l'obstacle, afin qu'il puisse en mesurer de l'œil la hauteur ou la largeur. Dès que ces préliminaires sont terminés, l'instructeur le dirige droit sur la haie ou le fossé, d'abord au pas, puis au trot et l'actionne de la chambrière au moment du saut, afin qu'il n'ait aucune hésitation et ne s'arrête pas court ; il lui rend de la longe de manière à lui permettre d'allonger l'encolure et de s'en servir comme levier.

Il emploie la chambrière avec plus ou moins d'énergie suivant le degré d'impulsion du cheval, en ayant soin de n'en user que sobrement, si l'animal aborde carrément la haie ou le fossé, car l'abus de cette aide amènerait une surexcitation fâcheuse qui précipiterait les mouvements du cheval mal à propos.

Ce travail doit être fait lentement et sagement en graduant les obstacles pour ne pas fatiguer ni rebuter la bonne volonté de l'élève et le mettre en confiance.

Lorsqu'il saute avec adresse et franchise la haie et le fossé et qu'il montre du calme, le cavalier lui apprend à sauter les mêmes obstacles étant monté, en commençant par les moins élevés et les moins larges et en arrivant progressivement à ceux qui atteignent le maximum en hauteur et en largeur.

Les chevaux n'ont pas besoin pour sauter des

obstacles de dimensions moyennes d'être excités par des moyens très puissants ; une bonne conformation et une énergie soutenue suffisent pour atteindre ce but.

Toutefois, quelques chevaux ayant le rein long et mal attaché éprouvent une douleur si aigüe en se recevant à terre, qu'ils refusent de franchir tout obstacle, même le plus petit.

D'autres ne se rendent pas compte de la hauteur ni de la largeur qu'ils doivent sauter et sont si vivement impressionnés qu'ils s'épuisent en inutiles efforts et sautent maladroitement.

La plupart même redoutent les effets trop sévères de la main du cavalier, qui, pour se maintenir en selle au moment du saut, tire souvent trop brusquement sur les rênes. C'est pour eux une sensation désagréable, qui les dispose à fuir l'obstacle par des écarts, des demi-tours, des reculers, des pointes, etc.

Le cavalier doit mener son cheval droit sur l'obstacle, sans paralyser ses mouvements, par de violents déplacements d'assiette et sans s'attacher démesurément aux rênes. Pendant les premières séances, il doit le diriger à une vitesse modérée, au trot ou au galop, rarement au pas, (car à cette allure les réactions sont trop dures pour le cavalier) sur des fossés larges de 1^m,50 au maximum et sur des haies hautes de 60 centimètres, en ayant soin de l'actionner des jambes et de lui tenir la tête par un appui sur les poignets qui ne soit ni trop énergique, ni trop lâche.

Le cheval ne saurait se dérober à ces doux moyens de conduite, qui loin de le gêner favorisent ses mouvements et excitent son impulsion en avant ; en un mot, il se livre avec confiance et aborde l'obstacle franchement sans à coups et sans mollesse.

C'est seulement lorsque le cavalier a obtenu

cette franchise, qu'il doit faire sauter à sa monture les haies, fossés, douves ayant les dimensions maxima précitées.

Le cavalier est suffisamment initié aux secrets de l'équitation par les leçons qu'on lui a enseignées pour ne plus hésiter à se confier au cheval dans les sauts d'obstacles. Il a appris à le conduire aisément à toutes les allures, à manier ses rênes avec facilité, à combattre ses défenses avec succès. Cette instruction préparatoire lui permet d'aborder sans crainte les genres d'obstacles les plus difficiles et les plus variés.

2° DU SAUT DES OBSTACLES

Les obstacles en largeur s'abordent à un train plus allongé que ceux en hauteur, afin que les chevaux ne dépensent pas en élévation la force nécessaire à l'étendue du saut.

Avant de se préparer à sauter, le cavalier se tient avec assez de force pour ne pas être entraîné par le mouvement du cheval et ne pas le précéder.

C'est par la souplesse de ses reins, la mobilité de son buste, qu'il évite les réactions de sa monture. Il enveloppe complètement les flancs du cheval de ses cuisses et de ses jambes, afin d'avoir de nombreux points de contact avec son corps, chausse les étriers, relâche les rênes de bride et tient dans chaque main une rêne de filet Ainsi préparé, il prend le galop à trente mètres de l'obstacle et dirige le cheval sur le milieu, en ayant soin de ne pas le gêner au moment où il prend sa battue.

Si le cheval hésite à se livrer et menace de s'arrêter et de se dérober par un à droite ou un à gauche, il le pousse énergiquement dans les jambes, maintient sa tête dans la direction voulue, de manière à ne pas lui donner le temps de faire demi-tour et de fuir l'obstacle.

Si le cheval gagne à la main et précipite ses mouvements, il le ralentit peu à peu, en baissant les poignets, s'il porte au vent, et en les élevant s'il s'encapuchonne, afin qu'il voie nettement la haie ou le fossé à franchir.

Il se sert d'oppositions de mains pour faciliter l'élévation de l'avant-main et l'élan des extrémités postérieures, car lorsque le cheval saute, il rassemble ses quatre extrémités le plus près possible du centre de gravité, les fléchit insensiblement ainsi que la tête et l'encolure et lance en avant toute la masse qui va retomber au delà de l'obstacle franchi.

Lorsque le cheval aborde franchement l'obstacle et s'enlève, le cavalier s'assied davantage, baisse les mains qui accompagnent le mouvement du cheval et au moment où le cheval se reçoit à terre, porte le corps en arrière pour décharger l'avant-main et empêcher le cheval de tomber, puis rapproche sans brusquerie les poignets du corps afin de ne pas mettre le cheval sur les jarrets et passe progressivement au pas.

Le cavalier a soin, tout en soutenant la tête du cheval avec les mains, de ne pas tenir les rênes trop longues ou trop courtes.

Les rênes trop longues sont impuissantes à conduire le cheval droit sur l'obstacle et à soutenir sa tête ; alors le cheval hésite, ne sait quel parti prendre et, au lieu d'aborder l'obstacle résolûment, s'arrête ou se dérobe par un demi-tour, et si par hasard, il se décide à sauter, il arrive à terre la tête basse prête à entraîner dans une chute inévitable, le reste du corps.

Les rênes trop courtes paralysent l'élan du cheval, raidissent son encolure, empêchent la détente de se produire et le cheval touche l'obstacle contre lequel il contusionne ses membres. Au moment, où il se reçoit, il donne sur les mains du cavalier une brusque saccade par un mouvement de tête désordonné, lui arrache les rênes et le jette à terre, après l'avoir ainsi privé de ses seuls moyens de tenue et de conduite.

Lorsque le cheval saute avec calme et sans

manifester aucune appréhension, le cavalier le caresse, relâche les jambes, rend la main pour qu'il puisse aisément allonger son encolure et se remettre de sa violente émotion.

Certains cavaliers très habiles, enlèvent le cheval au moment du saut en marquant un appui des poignets plus soutenus. Ce mouvement exige une précision si délicate qu'il faut l'employer le moins possible ; car appliqué mal à propos, il entrave la liberté du cheval et l'empêche de sauter.

Lorsque le cheval s'obstine à ne pas franchir l'obstacle et se cabre ou rue et exécute des demi-tours, le cavalier combat ces défenses comme nous l'avons expliqué dans le chapitre précédent et le ramène sur l'obstacle en balançant de droite à gauche et de gauche à droite, par les rênes de filet, sa tête et son encolure, de manière à le distraire et à ne lui laisser aucun répit pour entamer la lutte.

Il se sert de l'éperon, applique vigoureusement la cravache sur les flancs et, si ces moyens ne suffisent pas, il use de la chambrière et un aide frappe le cheval sur la croupe.

Quelques chevaux semblent ne faire aucun effort pénible pour sauter et rasent l'obstacle, sans le toucher. Ce sont sans contredit, les meilleurs sauteurs ; ils savent mesurer leurs actions au but à atteindre et déploient une merveilleuse adresse dans cet exercice.

D'autres sautent des quatre pieds à la fois, s'enlèvent à une très grande hauteur, mais souvent retombent trop près de l'obstacle, et le renversent des pieds de derrière. Il est nécessaire de les actionner des jambes afin de fournir en longueur ce qu'ils ont de trop en hauteur.

Il y a des chevaux qui sautent de côté en projetant l'arrière-main presque en même temps que l'avant-main, de l'autre côté de l'obstacle ; il faut les amener droit dessus en opposant les épaules aux hanches.

Le cavalier doit apprendre à son cheval à franchir des obstacles de toute nature, telles que haies d'épine, claies, barres fixes, barrières et palis-

sades, terrassements, fossés, ruisseaux, charmilles.

La banquette irlandaise ne doit pas être abordée à une allure trop vive, afin que le cheval ait le temps de faire sur son terre-plein une foulée de galop et de voir la partie en contre-bas sur laquelle il doit se recevoir.

Pendant les premières leçons, il ne faut faire franchir au cheval que deux obstacles au plus ; ce n'est que plus tard, lorsque son dressage est avancé, qu'on lui fait sauter une série d'obstacles variés (haies, fossés, murs, douves, banquette irlandaise) placés à une distance suffisante les uns des autres pour qu'il puisse prendre son élan.

Aucun travail ne fatigue plus les membres du cheval et ne les use plus prématurément, que cet exercice ; aussi le cavalier ne doit pas en abuser, surtout si sa monture y montre de la franchise et de la bonne volonté. C'est à son tact expérimenté à en régler l'emploi avec modération.

CHAPITRE XX

Emploi du Cheval au dehors.

Résultats obtenus par le travail de manège. — Principes généraux sur la tenue du cavalier. — Départ de l'écurie. — Traversée des rues d'une ville. — A travers champs. — Montées et descentes. — Accidents de terrain. — Chasse à courre.

1° RÉSULTATS OBTENUS PAR LE TRAVAIL DU MANÈGE

Depuis le commencement de son instruction équestre, le cavalier a travaillé dans un manège ou dans une carrière fermée et il n'a pas encore conduit sa monture au dehors. Il a appris à se tenir correctement en selle, à avoir une assiette solide, à se servir utilement des aides, en un mot à être complètement maître de son cheval et en quelque sorte à le posséder.

Le cheval, de son côté, qui n'avait aucune notion des principes les plus élémentaires du dressage, connaît maintenant les effets des rênes et des jambes, sait marcher régulièrement au pas,

au trot, au galop, changer de pied, reculer, appuyer aux deux mains, franchir des obstacles. Son éducation est donc terminée et il est suffisamment préparé à entreprendre des promenades et des courses au dehors et à supporter sans efforts les incidents variés qui peuvent se présenter.

2° PRINCIPES GÉNÉRAUX SUR LA TENUE DU CAVALIER

Autant, dans l'intérieur du manège, le cavalier était obligé de surveiller la position des différentes parties de son corps à cheval, afin de leur donner une attitude élégante, souple et académique, et d'être attentif aux plus légers mouvements de sa monture, autant à l'extérieur, lorsqu'il est seul, au milieu des champs déserts ou des bois solitaires, il peut, sans inconvénient, se donner plus d'aisance, se relâcher de sa tenue sévère et accorder à sa monture plus de liberté en cessant de l'emprisonner continuellement dans les mains et dans les jambes et en lui rendant souvent la main.

Il passe les rênes tantôt dans une main, tantôt dans les deux mains, fait usage ou du mors de bride ou du mors de filet, ou des deux simulta-

nément, suivant le caractère de sa monture et le terrain qu'il parcourt, tient sa cravache la mèche en l'air, ou en bas ou sous le bras, chausse les étriers au moins jusqu'à la moitié, afin que sa jambe tombe naturellement et que l'articulation du pied n'éprouve aucune contraction douloureuse, déplace son buste d'après les mouvements du cheval, de manière à répartir son poids également et à l'alléger le plus possible.

3° DÉPART DE L'ÉCURIE. — TRAVERSÉE DES RUES D'UNE VILLE

Lorsque le cheval sellé est amené devant lui, le cavalier, avant de se mettre en selle, examine attentivement si le harnachement est bien placé et solidement ajusté, si les sangles sont suffisamment serrées, si les mors de bride et de filet portent exactement sur les barres et les commissures des lèvres et si la gourmette est sur son plat, laissant un intervalle de deux doigts entre ses mailles et la barbe du cheval. Après avoir passé une inspection minutieuse de ces objets, avoir jeté un coup d'œil sur la ferrure et l'état général de sa monture, il met le pied à l'étrier et se place en selle.

Il doit parcourir au moins deux ou trois cents mètres au pas, afin de mettre son cheval en haleine, de le baisser et de lui donner le temps de s'habituer à son poids et à ses actions.

Généralement, il est obligé de traverser quelques rues de la ville avant de gagner la campagne et de marcher sur un terrain doux et uni.

Souvent, le pavé inégal revêt une forme convexe et une inclinaison sensible vers le trottoir pour permettre l'écoulement des eaux de pluie. Le cavalier doit se maintenir au milieu de la chaussée qui est horizontale, afin que son cheval ne glisse pas sur cette pente et ne tombe pas. Il laisse les voitures qui le croisent à sa gauche et passe au moins à 1 mètre 50 de celles-ci, pour éviter le frottement des roues, quand elles sont lancées à une grande vitesse. Si le cheval a peur de quelque objet, il le caresse et essaie, en le pressant des jambes, de le déterminer en avant, sans se préoccuper de le mener sur l'objet qui a excité son écart et sans le corriger de la cravache ou de l'éperon, car ces moyens de châtiments provoquent des défenses, telles que pointes, ruades ou départ au galop précipités qui, sur le pavé, sont très dangereuses et occasionnent des chutes du cheval et du cavalier quelquefois mortelles.

Ainsi, dans les rues, surtout celles qui sont

encombrées par le passage des personnes et des voitures, et qui sont étroites, il faut avoir les aides vigilantes et marcher au pas, l'œil fixé sur les oreilles de sa monture et sur le pavé qu'elle foule afin d'éviter tout accident.

4° A TRAVERS CHAMPS

Le cavalier, après être sorti hors de la ville au pas, peut, s'il le juge à propos, prendre le trot, en entamant cette allure modérément; il parcourt ainsi un kilomètre environ pour mettre son cheval en confiance, lui déraidir les membres et passe au pas.

Il est difficile de fixer exactement les temps de pas, de trot et de galop que le cheval doit fournir dans une course à l'extérieur.

Le cavalier doit régler la durée et la vitesse des allures, en se basant sur le degré d'énergie du cheval, la nature du pays qu'il traverse (plaine ou montagne) et l'espace qu'il va franchir dans un certain laps de temps.

Une promenade d'agrément dure généralement deux à trois heures, pendant lesquelles le cheval est capable de parcourir 15 à 20 kilomètres sans fatigue.

Lorsque le cavalier marche sur une route macadamisée, comme celles qui servent de voies de communication en France (routes nationales et départementales), il a soin de diriger son cheval sur le bas-côté, entre la chaussée proprement dite et le talus de gazon, car à cet endroit le sol étant moins aplani par les roues des voitures et par les pieds des chevaux, est plus meuble et plus doux, use ainsi moins vite les membres du cheval. Le milieu de la chaussée offre trop de résistance aux foulées du cheval et ne cède pas assez sous son poids; aussi voit-on un grand nombre de chevaux de voitures et de selle, après quelques années de travail, être couverts de molettes indurées et complètement tarés.

Si l'on n'est pas obligé de suivre une route pavée ou empierrée pour aller d'un lieu à un autre, il est préférable de s'engager, à travers champs, dans des chemins de culture recouverts d'une épaisse couche de terre. Le cheval sent le sol s'enfoncer légèrement sous ses pieds et n'éprouve aucune secousse désagréable. Il marche avec légèreté et semble content de fouler un terrain aussi moelleux. Si on le fait partir au trot ou au galop, il se livre avec aisance et s'abandonne en quelque sorte à ces allures sans contraction. Dans les bois, où les sentiers sont tapissés d'un vert gazon, il ressent le même plaisir à développer ses mouvements et franchit de longues distances sans que ses membres en souffrent.

On ne doit pas pousser trop loin cette habitude de faire marcher le cheval sur un sol uni et doux, qui ne se rencontre que dans quelques rares contrées et, que la plupart du temps, il faut aller chercher en dehors des routes ordinaires ouvertes à la circulation publique.

On est obligé le plus souvent, de se servir de voies au sol dur; mais il est toujours possible au cavalier d'y ménager les jambes de son cheval en ne lui demandant que du pas ou un trot peu allongé. Le galop doit être rigoureusement interdit sur les routes empierrées, sous peine d'user prématurément son cheval.

5° MONTÉES ET DESCENTES

Lorsque le cavalier arrive devant une pente, s'il est au trot ou au galop, il passe au pas et marche ainsi jusqu'à ce qu'il l'ait gravie. Il rend la main, de manière que le cheval puisse allonger sa tête et son encolure, et favoriser ainsi son mouvement d'impulsion, et porte légèrement le haut du corps en avant, afin de décharger l'arrière-main du cheval et de lui permettre de s'engager plus facilement sous le centre de gravité. En abandonnant ses rênes sur l'encolure, il ne risque pas de laisser le cheval buter, car l'avant-main est trop peu chargée pour faire redouter une chute.

Si la pente est très escarpée, il faut chercher, à la tourner, et s'il est impossible de trouver une autre issue, le cavalier se décide à la gravir; à cet effet il dirige sa monture un peu obliquement, saisit une poignée de crins près de la nuque, penche le corps en avant en prenant un fort point d'appui sur les étriers et l'excite de la voix et des éperons, afin de lui communiquer une puissante énergie.

Ces sortes de montées ne doivent être franchies que dans le cas de nécessité absolue; elles sont d'un accès dangereux, car le cheval peut se renverser sur le dos et entraîner dans sa chute le cavalier désarçonné.

Elles ne se présentent que dans des pays montagneux et accidentés tels que les Vosges, le Jura, les Alpes, les Pyrénées, l'Auvergne, qui possèdent des chevaux entraînés et dressés à ce genre de service.

Pour descendre une pente, le cavalier prend le pas et tend les rênes égales, en soutenant la tête avec celles de filet. Il porte le corps en arrière pour alléger l'avant-main et tient les jambes près pour éveiller l'attention du cheval et l'empêcher de faire des faux pas et de buter.

Si la descente est très raide, il penche le corps très en arrière et saisit avec la main droite le troussequin de la selle. Dans le cas où il n'a pas assez confiance dans la solidité de son cheval pour opérer cette descente, il met pied à terre et le conduit par les rênes du filet.

Un cheval use ses membres antérieurs et postérieurs plus rapidement en descendant aux allures vives une pente qu'en la montant; ses jambes de devant retombent sur le sol de plus haut et éprouvent ainsi une secousse plus intense, et ses jambes de derrière, obligées de se plier, sont mises hors de leur aplomb et se tarent.

Ainsi, les montées et les descentes, ayant une inclinaison moyenne, doivent toujours être parcourues au pas.

6° ACCIDENTS DE TERRAIN

Lorsqu'on se promène à cheval à travers un pays hérissé d'accidents de terrain de toutes sortes, tels que collines, haies, fossés, cours d'eau, il est nécessaire d'observer certaines précautions, pour tirer le meilleur parti possible de sa monture et éviter des chutes fâcheuses.

Les collines sont gravies comme les montées des routes et sont descendues de même; toutefois, si elles sont composées d'un terrain argileux, on doit les gravir et les descendre en ligne droite, afin que le cheval ne glisse pas sur le côté et ne blesse pas ses hanches.

Dans les terrains sablonneux ou marécageux, où le cheval enfonce de plusieurs centimètres, il faut s'enlever sur les étriers et rendre la main pour donner au cheval plus de légèreté et le décharger en l'actionnant des jambes, afin qu'il n'ait pas le temps de s'embourber. Si l'épaisseur du sable fin ou de la boue liquide est trop considérable, on ne doit pas hésiter à mettre pied à terre.

Les pays de landes et de tourbières, ceux dont les marais et les étangs ont été récemment desséchés offrent un passage difficile aux chevaux.

Quelques plages et rives de fleuves sont encombrées de dunes et de bancs de sable qui ne peuvent être traversés qu'avec une grande prudence.

Dans les contrées d'élevage, les prés et les champs sont entourés de haies vives atteignant

2 mètres de hauteur et de fossés profonds, larges de 3 à 4 mètres.

Il est impossible à un cheval de franchir ces obstacles; le cavalier doit ou les tourner ou les passer.

Lorsque la haie est trop épineuse, il est préférable de passer par la barrière du pré ou même de la franchir, si elle ne dépasse pas 1 mètre à 1 mètre 10 de hauteur, que d'essayer de traverser la haie où le cheval se léserait certains organes essentiels et s'empalerait.

Pour le fossé, on recherche l'endroit où le talus est le moins escarpé, on descend au fond, puis on grimpe sur le talus opposé.

Ces sortes d'obstacles sont d'autant plus dangereux à sauter que le cavalier et le cheval n'en connaissent pas exactement les dimensions et ignorent la nature du terrain placé de l'autre côté.

Pour traverser un bois où il n'y a que des sentiers étroits, impraticables et des taillis, le cavalier se couche sur l'encolure de sa monture afin de ne pas être renversé par les branches, et dirige son cheval en lui faisant décrire une série de serpentines, de manière à protéger ses jambes du choc des arbres et le haut de son corps du fouettement des branchages et en choisissant comme point de direction les clairières.

Dans les forêts, les arbres sont plantés à un assez large intervalle les uns des autres pour permettre au cavalier de passer sans difficulté.

Le passage des cours d'eau et des rivières réclame beaucoup de sang-froid. Si un ruisseau, dont l'eau transparente laisse voir le fond rocailleux est facile à traverser, il n'en est pas de même d'une rivière dont l'eau jaunâtre cache le lit et dont les rives sont escarpées.

Autant que possible, le cavalier doit aller à la recherche d'un gué et le traverser obliquement, plaçant la tête du cheval contre le courant et en le soutenant de la jambe opposée au courant, afin qu'il ne se laisse pas entraîner par ses eaux.

Dans le cas où il n'y aurait pas de gué et que la rivière serait assez profonde pour que le cheval y perde pied, on la traverse à la nage, en saisissant une poignée de crins avec la main gauche et en dirigeant le cheval avec le filet obliquement sur un point de la rive opposée assez bas pour qu'il puisse facilement y atterrir.

La traversée d'une rivière à la nage est trop périlleuse et ne doit être entreprise que pour un motif très urgent.

Dans notre cavalerie, on a fait, il y a quelque temps, des expériences qui ont parfaitement réussi et démontré la possibilité de faire passer à la nage des rivières et des fleuves de quelque étendue.

7° CHASSE A COURRE

La chasse à courre exige un cheval fortement musclé, ayant les jarrets solides, le rein et le dos courts, et doué d'une indomptable énergie. En Angleterre, ce sont les *hunters* qui sont spécialement entraînés à ce genre d'exercice qui nécessite un énorme déploiement de forces musculaires et de violents efforts.

Ces chevaux sont entraînés méthodiquement et chaque jour sont promenés pendant trois heures au pas, puis sont exercés à des temps de galop plus ou moins longs, qui provoquent des suées salutaires et les mettent dans d'excellentes conditions pour suivre une chasse.

Ces principes de dressage doivent être appliqués à nos bons chevaux de selle de race française, destinés à faire le même service.

A la chasse, le cavalier doit chercher le fond de la selle, assurer son assiette, et pencher le corps en avant, prendre un solide point d'appui sur les étriers modérément courts et maintenir la tête du cheval.

Il ne doit pas lutter de vitesse pour dépasser ses voisins et sauter les obstacles en même temps qu'eux, de peur de se heurter à leurs chevaux et de tomber à terre. Il vaut mieux qu'il attende que ceux placés vis-à-vis de la haie ou du fossé l'aient franchi ou qu'il cherche un autre passage. La connaissance du pays à parcourir est très importante et évite de nombreux et fatigants détours au cavalier et à sa monture et elle permet de se tenir à proximité des chiens.

C'est une grave faute de forcer son cheval jusqu'à l'épuisement, ou de le conduire en terrain mou à moins qu'on ne soit sûr de pouvoir en changer. On ne doit pas se lancer dans une terre labourée et humide, où le cheval enfonce, fait de pénibles efforts, et arrive à perdre tous ses moyens et son haleine. La terre ferme et les sentiers battus offrent une voie plus facile et plus rapide que le cavalier doit suivre.

En montant les talus escarpés, le sage cavalier saute à terre et conduit son cheval par la bride, et gagne ainsi un ou deux kilomètres sur son concurrent resté en selle. L'observation de ces précautions assure le succès de la chasse et donne le premier rang pour arriver à l'hallali de la bête qu'on chasse (cerf, sanglier ou renard).

On ne doit jamais présenter un cheval épuisé

devant une barre fixe, car on risque de le faire buter et d'être entraîné dans sa chute, surtout lorsqu'on est lourd. Lorsque le cheval est frais, on peut franchir sans hésitation une ligne de barrières et de clôtures, mesurant 1ᵐ 30 de hauteur en ayant soin de tenir le cheval droit devant l'obstacle, de pencher le corps en avant jusqu'au moment où il s'enlève, puis de s'asseoir en arrière en le soutenant des rênes et des jambes lorsqu'il arrive à terre. Il est dangereux d'abandonner son cheval et de laisser les rênes flottantes.

En montant les pentes, il est quelquefois utile de décrire des zigzags ; en les descendant il est préférable d'aller droit, car les chevaux ne risquent pas tomber sur le côté et d'écraser le genou de leurs cavaliers ; ils glissent sur les hanches et n'occasionnent aucune contusion.

Les obstacles, haies, barrières ou fossés ne doivent pas être sautés rapidement, car le terrain n'a pas été préalablement examiné et avant de prendre son élan, le cheval ignore l'importance du saut qu'il doit exécuter, si on le mène trop vite sur les obstacles, il fait des fautes dangereuses pour la sécurité du cavalier. En hauteur il doit arriver lentement ; ainsi il s'enlève plus aisément, surtout si ses foulées sont bien cadencées et ses jambes de derrière sous lui. En largeur, il doit augmenter la vitesse de son train.

Chaque genre d'obstacles exige pour être franchi, des principes de conduite et de tenue différents.

Les barrières fixes s'abordent, le cheval bien rassemblé et à un galop régulier.

Les palissades sont franchies avec précaution, car le cheval risque de prendre ses pieds entre les montants.

Les ruisseaux qui ne sont pas guéables sont abordés à une grande allure, en dirigeant le cheval perpendiculairement aux rives.

Les charmilles sont traversées à fond de train en se servant des bras et des mains pour protéger le visage.

Les murs en pierre sont franchis à un galop lent et rassemblé.

Dans tous ces sauts, le cheval doit avoir une entière confiance dans son cavalier et se livrer aveuglément à son expérience et à son énergie. Le cavalier ne doit pas être trop impressionnable afin de ne pas communiquer à sa monture des mouvements brusques et saccadés.

La chasse à courre est un exercice fatigant qui réclame de la part de l'homme une sage modération et un judicieux emploi des forces de son cheval.

Il en est de même des rallye-papers que les officiers de notre armée organisent en les hérissant d'obstacles difficiles à franchir et dans lesquels ils déploient une juvénile ardeur, jointe à une profonde connaissance des moyens de leurs montures.

Celui qui parvient à suivre de près les chiens dans une chasse à courre sans mettre son cheval hors d'haleine et en le maintenant prêt encore à fournir une longue étape, par la manière calme et rationnelle dont il l'a mené, est un parfait cavalier capable de tout obtenir de son cheval avec lequel il s'est pour ainsi dire identifié par une pratique constante.

CHAPITRE XXI

De l'équitation des dames.

Considérations générales. — Du harnachement. — De la leçon du montoir. — Position de la femme à cheval. — Des moyens de conduite. — Rênes. — Jambe gauche et cravache. — Du pas. — Mouvements divers. — Du trot. — Du galop. — Changement de pied. — Sauts d'obstacles.

1° CONSIDÉRATIONS GÉNÉRALES

L'équitation n'est pas une science étudiée et pratiquée seulement par l'homme ; elle est un art utile et agréable où la femme excelle et aime à déployer son élégante souplesse.

Elle se passionne volontiers pour cet exercice salutaire, qui aiguise son intelligence et développe ses forces physiques.

Quelle gymnastique plus fortifiante pour les muscles et plus vivifiante pour les poumons qu'une promenade à cheval, même au pas, sous des allées ombragées ou à travers les prairies ?

La plupart des femmes, s'étiolent et affaiblissent leur santé dans une stérile oisiveté ; assises toute la journée, elles perdent tout appétit et sont en proie à une sombre mélancolie.

Si, écoutant les conseils de leurs médecins, elles se mettent à monter à cheval, aussitôt leurs joues pâles s'empourprent d'une légère rougeur, leur teint devient frais, leur estomac digère facilement et leur caractère s'épanouit dans une franche gaieté ?

L'équitation opère dans leur manière d'être une modification favorable.

La femme ne saurait se livrer à cheval à des courses aussi longues que celles de l'homme.

En France et surtout en Angleterre, il y a des dames assez énergiques pour faire sauter à leurs chevaux tous les obstacles qu'elles rencontrent et rester en selle 7 ou 8 heures de suite. Elles n'arrivent à ce degré de résistance que par une progression lente et méthodique qui nécessite des exercices fréquents et pénibles, une grande hardiesse et une santé robuste.

Nous donnons aux dames qui désirent apprendre à monter à cheval quelques principes élémentaires afin qu'elles puissent, après trente à quarante séances dans un manège, sous les yeux d'un maître habile, se tenir correctement en selle, marcher régulièrement aux trois allures, et faire une promenade de 2 à 3 heures à cheval, sans éprouver aucune fatigue.

2° DU HARNACHEMENT

La bride du cheval destiné à être monté par une dame est la bride anglaise ordinaire ; cependant, les rênes sont en cuir moins épais et on les rend plus légères et plus douces à la main en les arrondissant.

Le siège de la selle est plus long et est fixé au

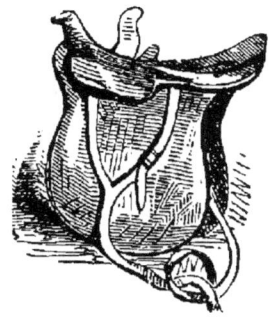

cheval par un surfaix ; deux ou même trois fourches permettent à la femme de placer ses jambes.

L'étrier est muni d'une doublure en cuir ou en velours qui protège le cou-de-pied.

Il y a un étrier d'un usage commode composé

de deux planchettes qui se séparent, lorsque l'étrier bascule complètement.

L'une suit le pied, l'autre reste attachée à l'étrivière. Si la femme, par suite d'une défense de son cheval, fait une chute, elle n'a plus aucun point de contact avec ce dernier et ne risque pas d'être traînée par le pied sur un parcours de plusieurs mètres et d'être grièvement contusionnée par les aspérités du sol.

Une cravache légère, qui sert surtout à activer l'allure du cheval et à déterminer le rangement des hanches à gauche, est indispensable.

L'éperon est moins utile; cependant, il doit être bouclé sur la bottine et l'on fait une ouverture dans l'amazone, avec un cordon à l'intérieur, enlacé autour de la cheville, pour empêcher l'éperon de toujours dépasser les plis de la robe.

On doit s'assurer avant de mettre en selle la femme, si la bride est bien ajustée, si les sangles et le surfaix sont suffisamment serrés, si la pointe de l'arçon adhère bien à l'épaule et suit la colonne vertébrale sans la toucher.

La position de la femme à cheval tend à faire tourner la selle du côté montoir, il faut donc que celle-ci soit solidement fixée sur le dos du cheval.

3° DE LA LEÇON DU MONTOIR

Avant de mettre une dame en selle, le maître donne à son élève des notions sommaires sur l'extérieur du cheval et lui enseigne surtout les parties essentielles, telles que la tête, l'encolure et les épaules qui sont d'un usage constant en quitation.

Il lui apprend la manière d'approcher le cheval avec prudence.

Elle doit arriver en avant du côté de l'épaule, ou en face à sa hauteur; elle se préserve ainsi des écarts de la croupe et de tous les accidents qui peuvent résulter d'une ruade ou d'un coup de pied.

La femme est vêtue d'une sorte de robe appelée amazone dont la jupe est plus longue devant que derrière; elle porte un corsage montant, dessinant les formes de sa taille svelte, et est coiffée d'un chapeau d'homme un peu bas, sous lequel elle dissimule ses cheveux nattés, afin qu'ils ne flottent pas au vent, au moindre mouvement du cheval. Ce dernier détail de toilette ne saurait être négligé souvent sans de graves inconvénients, car la femme occupée à mettre de l'ordre dans sa chevelure, abandonne ses rênes et laisse sa monture libre de s'échapper au galop et de se livrer à de dangereuses défenses.

Il y a plusieurs méthodes pour monter à cheval; la femme se sert de montoirs fixes, tels que ceux

qui existent au bois de Boulogne, ou d'une chaise.

Il est préférable qu'elle se mette en selle avec l'aide de l'homme, qui facilite son mouvement d'ascension et prévient tout fâcheux accident.

La femme s'approche du cheval, saisit la seconde fourche avec la main droite qui tient la cravache, la mèche en bas, élève légèrement la jambe gauche, place son pied gauche dans les mains jointes de l'homme et sa main gauche sur l'épaule droite de celui-ci et tend le jarret pour s'enlever sur la selle où elle passe la jambe droite entre la première et la seconde fourche et

la jambe gauche sous la troisième fourche et s'asseoit sur le siège.

L'homme peut encore ne se servir que de la main gauche pour y placer le pied de la femme et la soutenir sous le bras gauche avec la main droite.

Dès que la femme est en selle, elle lâche la

fourche de la main, chausse le pied gauche dans l'étrier, arrange les plis de sa robe et ajuste ses rênes.

4° POSITION DE LA FEMME A CHEVAL

Une femme ne peut avoir une position solide et correcte sur sa monture que lorsqu'elle a acquis une assiette suffisante pour éviter le ballottement des mains et des jambes.

Elle doit s'asseoir un peu de côté et en arrière de manière que l'épaule droite soit un peu plus en avant que la gauche, fixer sa jambe droite à la branche gauche de la fourche, qui empêche le corps de glisser à gauche et en arrière, et placer sa jambe gauche sous la troisième fourche qui la maintient pendant les réactions du cheval et l'empêche d'être enlevée ou de glisser à droite.

Elle chausse l'étrier à fond et le pose à plat sur la grille en abaissant le talon et en tenant la jambe près de la selle. Lorsque l'étrier est trop court, la position est défectueuse et le cheval est piqué par l'éperon mal à propos.

Le buste perpendiculaire à la selle est rejeté légèrement en arrière lorsque le cheval passe d'une allure vive à une allure plus lente ou se livre à des écarts brusques; la tête et les épaules sont droites et ne se penchent pas en avant de peur d'y entraîner la masse du corps et d'amener une perte d'équilibre.

Le haut du corps est souple et flexible pour se

plier aux mouvements du cheval; les coudes tombent naturellement, les avant-bras sont pliés à angle droit de manière que les mains soient placées à 15 centimètres de la ceinture, à hauteur des coudes et à 5 centimètres du genou droit.

Pour mettre pied à terre, la femme déchausse l'étrier, abandonne les rênes, retire la jambe de la fourche et s'asseoit de côté, puis appuyant la main droite sur la fourche et la main gauche sur l'épaule de l'homme placé à sa portée, elle descend légèrement à terre en pliant les jarrets.

5° DES MOYENS DE CONDUITE

Pendant les premières leçons l'élève laisse tomber le bras droit sur le côté pour reculer l'épaule droite et tient les quatre rênes dans la main gauche de la manière suivante : le petit doigt entre les deux rênes de bride et le médius entre les rênes de filet, l'extrémité des quatre rênes sortant du côté du pouce, la main au-dessus du genou droit, les ongles faisant face au corps.

Elle peut de cette façon faire prédominer l'action des rênes de bride sur celles de filet en relâchant le médius et inversement se servir seulement des rênes de filet en desserrant le petit doigt.

Il y a un autre moyen de tenue des rênes, qui consiste à placer la rêne gauche de filet sous le petit doigt, l'annulaire entre les deux rênes de bride et la rêne droite de filet entre le médius et l'index, l'extrémité des quatre rênes sortant du côté du pouce.

Pour obtenir plus de facilité dans la conduite du cheval, on saisit la rêne droite du filet avec le pouce et les trois premiers doigts de la main droite.

Ces deux manières de tenir les quatre rênes sont les plus commodes et les plus rationnelles; elles donnent les moyens les plus sûrs de se rendre maître de la tête et de la bouche du cheval et de les diriger.

La femme est également libre de laisser tomber les rênes de filet sur l'encolure en y faisant une boucle et de conduire son cheval seulement avec les rênes de bride.

Lorsqu'elle emploie une seule main tenant les quatre rênes pour déterminer le cheval en avant, elle approche le bas de la main de la ceinture de manière à raccourcir les rênes et à rassembler le cheval, et ce mouvement terminé, elle éloigne le petit doigt du corps, allonge ainsi les rênes et permet au cheval de se porter en avant, en fermant la jambe gauche et en donnant un léger coup de cravache sur l'épaule droite ou le flanc droit du cheval s'il hésite.

Pour arrêter, elle rapproche le poignet du corps, opère une traction égale sur les quatre rênes et fait ainsi refluer l'avant-main sur l'arrière-main.

Pour tourner à droite, elle renverse obliquement le bas de la main de droite à gauche en dirigeant le petit doigt du côté de l'épaule gauche et porte à droite le poignet qui tire légèrement la rêne droite et exerce une pression de la rêne gauche sur l'encolure, suffisante pour que le cheval se dirige à droite.

Pour tourner à gauche elle use des moyens inverses.

Il faut éviter de laisser tomber le poignet et tenir la main fixe.

Lorsque l'élève a obtenu à cheval une position régulière, le maître lui enseigne à se servir des deux mains pour conduire sa monture. A cet effet, elle place la main droite un peu en avant de la main gauche et saisit entre le pouce et les deux premiers doigts la rêne sur laquelle elle veut agir.

Elle peut tenir dans cette main, soit la rêne droite du filet seule, soit les rênes droites de bride et de filet, soit les deux rênes de filet seulement.

En tenant les rênes dans les deux mains, elle pousse l'épaule gauche en avant et rectifie sa position.

La main droite aide à ajuster les rênes et à les

égaliser en les faisant glisser entre les doigts de la main gauche et en sentant un léger appui sur le mors.

6° DU PAS

Le maître doit toujours donner à son élève une monture bien mise qui ne s'encapuchonne pas et ne porte pas la tête au vent. Ce dernier défaut est commun chez les chevaux montés par les femmes, car elles sont obligées d'avoir la main de bride haute. Aussi il est souvent nécessaire d'avoir recours à des martingales pour baisser la tête et l'encolure du cheval et les remettre dans une position normale.

Le rassembler s'obtient par une simple tension des rênes et une traction sur sa bouche à laquelle cède instantanément en fléchissant sa tête perpendiculairement au sol.

En ramenant ainsi son cheval, on concentre ses forces et sa puissance impulsive sur un même point et on pousse les membres postérieurs sous le centre. Lorsque le cheval est ainsi équilibré et prêt à s'échapper en avant, l'élève rend la main et donne ainsi au cheval toute liberté pour se porter en avant au pas.

Si le cheval hésite à marcher, elle lui applique un léger coup de cravache sur l'épaule droite et soutient cette aide par une pression du talon gauche.

Elle fait plusieurs fois le tour du manège à cette allure, afin de se mettre en confiance et a soin dans le passage des coins d'assurer son assiette.

Lorsqu'elle veut arrêter, elle élève la main, de manière à sentir l'appui du mors et porte le corps en arrière pour charger l'arrière-main.

7° MOUVEMEMENTS DIVERS

La femme exécute au pas le changement de main, sur deux pistes, l'appuyer de la tête et de la croupe au mur, le doubler, la volte et la demi-volte à main droite.

Pour le changement de main sur deux pistes, le cheval prend une position parallèle au grand côté du manège et incline légèrement la tête du côté vers lequel il se dirige. L'élève porte la main à droite pour attirer les épaules à droite, puis à gauche pour faire quitter le mur aux hanches et les amener sur la ligne des épaules et replacer peu à peu la main sur la ligne du changement de main. Si le cheval résiste, elle appuie le talon du pied gauche contre le cheval. Pendant l'exécution du mouvement il faut maintenir le cheval dans une direction oblique et l'empêcher, par un soutien de la main, de se porter en avant, ou par des oppositions de main de gauche à droite et de droite à gauche, de faire des pas trop de côté. La main doit se déplacer le moins possible et conserver une certaine fixité.

Pour faire appuyer le cheval, la tête au mur à main droite, la femme le place obliquement au mur, la tête inclinée à droite, en portant la main en arrière à gauche et en se servant de la jambe gauche pour ranger les hanches, puis elle porte la main à droite pour attirer la tête et les épaules de ce côté et entretient l'impulsion du cheval par des oppositions alternatives. Au passage des coins, elle diminue l'action de la jambe et de la cravache qui fixent l'arrière-main, augmente celle des mains et fait pivoter les épaules autour des hanches.

Le mouvement de la croupe au mur exige un plus énergique soutien de la main, pour empêcher le cheval de se porter en avant.

Au passage des coins, l'élève doit ralentir l'avant main par opposition de gauche à droite et activer par le talon, et l'éperon même, le mouvement des membres postérieurs qui ont un arc de cercle plus étendu à décrire.

Dans le doubler sur deux pistes, le cheval décrit deux pistes perpendiculaires au mur et est sollicité par les mêmes moyens que pour la tête au mur.

La demi-volte s'exécute pour la première partie comme le doubler et pour la deuxième comme le changement de main.

Tous ces mouvements des deux pistes au pas, tels que le changement de main, le doubler, la volte et la demi-volte, qui sont le complément de l'instruction équestre de la femme, doivent toujours être précédés des mêmes mouvements élémentaires sur une seule piste, dont nous avons expliqué le mécanisme et la manière d'être exécutés dans les chapitres consacrés au cavalier.

Dans le reculer, l'élève profite du moment où la tête du cheval est amenée, et augmente la traction des rênes jusqu'à ce que le cheval cédant à la pression du mors se porte en arrière sans à-coup; elle rend la main dès que le cheval a obéi, le reprend de la même manière, en ayant soin de ne pas mettre le cheval sur les jarrets et de ne pas le traverser.

Le cheval que doit monter la femme doit être dressé à ranger les hanches à la plus légère indication de la cravache et du talon et à marcher droit à toutes les allures en évitant de jeter les épaules à gauche et les hanches à droite. Il faut lui apprendre à être droit entre le talon du pied gauche et la cravache, qui, pour la femme remplace la jambe droite de l'homme et lui sert plutôt d'aide indispensable que de moyen de châtiment.

8° DU TROT

Lorsque la femme marche au pas en conservant une bonne position, on lui enseigne à marcher au trot de manège qui est très raccourci. Le trot du dehors ou allongé n'est enseigné qu'après plusieurs leçons. Pour cette allure, on lui prescrit d'augmenter le soutien de la main et de pousser le cheval par une pression du talon et un attouchement de la cravache sur l'épaule droite plus énergiques que ceux employés pour déterminer le pas.

Le cheval prend le trot dont l'élève règle la vitesse par l'action de la main sur la bouche du cheval.

Le trot consolide l'assiette et fortifie les muscles; il fatigue davantage la femme, qui doit, pour éviter les dures réactions du cheval s'enlever au trot à l'anglaise. Elle incline légèrement le haut du corps en avant, prend un point d'appui sur l'étrier gauche avec la jambe gauche et sur la fourche avec la jambe droite et s'enlève un peu avant que la réaction produite par le trot ait lieu, afin de l'éviter.

Elle ne doit pas s'enlever trop haut pour ne pas retomber trop tard sur la selle et fait en sorte de rejeter son buste à droite pour qu'il ne penche pas trop à gauche.

La main de bride doit être fixe et ne pas être soumise aux fluctuations du cheval. La jambe reste immobile et ne se balance pas.

On répète à cette allure tous les mouvements exécutés au pas et on s'applique à lui donner une cadence régulière.

9ᵉ DU GALOP

Le galop est l'allure la plus recherchée par les dames ; elles aiment s'abandonner à son rythme harmonieux et agréable.

C'est généralement sur le pied droit que les chevaux dressés pour elles entament le galop, elles le préfèrent au galop sur le pied gauche qui leur

fait éprouver de violentes secousses et dérange leur assiette.

L'élève, pour faire échapper sa monture au galop à droite, porte la main en arrière et à gauche, afin de dégager l'épaule droite, appuie le talon contre le cheval et frappe un léger coup de cravache sur l'épaule.

Le cheval cède à l'action de ces aides et prend le galop; on lui laisse faire quelques foulées à cette allure et on rend la main afin que son encolure puisse s'allonger et se détendre à l'aise.

On exige qu'il galope avec légèreté et calme et que ses mouvements soient faciles et gracieux.

Il est utile de faire galoper sur le pied gauche, car le galop étant pour ainsi dire l'allure la plus employée par les dames, le cheval s'userait vite, s'il exécutait ses départs toujours sur le même pied.

A cette allure on exécute tous les mouvements prescrits et on y ajoute certains airs de haute école tels que les pirouettes.

10° CHANGEMENT DE PIED

Les changements de pied exigent beaucoup de tact et de finesse dans l'action de la main et d'à-propos dans la pression du talon et l'emploi de la cravache.

Il y a deux moyens de les exécuter : 1° en deux temps, c'est-à-dire en arrêtant le cheval et en le faisant repartir sur l'autre pied ; 2° du tac au tac ou en l'air.

Le changement de pied en l'air nécessite plus de précision et n'est exécuté facilement que par un cheval rompu au travail de manège.

Lorsque le cheval galope à main droite, il s'agit d'arrêter le bipède diagonal droit qui se meut en avant de l'autre et de reporter sur le côté droit le poids qui était sur le côté gauche.

« Par un demi temps d'arrêt, écrit le comte de Montigny, nous dominerons d'abord l'impulsion, nous assiérons le cheval et le prédisposerons au changement de pied ; puis, après avoir opposé la main de gauche à droite, nous remarquerons, dans cette opposition, un appui de rêne gauche sur l'encolure et le soutien de rêne droite. L'appui sur l'encolure à gauche portera le poids des épaules à droite en même temps que la rêne droite arrêtera l'épaule et la hanche de ce côté.

« Alors, si nous ajoutons au changement de position imprimé par la main, l'action de la cravache qui contient la hanche droite et la pousse sous le centre, bref, si nous réunissons à ces divers effets celui de l'assiette et du poids du corps de l'amazone se reportant un peu à droite, le côté droit sera tellement chargé et arrêté qu'il ne restera plus de liberté au mouvement que du côté gauche ; c'est aussi celui qui, nécessairement, entamera le galop et le changement de pied sera en résumé, effectué par un demi-arrêt et un changement dans la position du cheval et ses points d'appui. »

Le changement de pied doit être demandé au cheval, non au bout du changement de main, mais sur la ligne droite.

Il faut toujours avoir soin de choisir pour monter une femme, un cheval calme, doux, qui ne soit ni peureux ni rétif, et ayant des formes sveltes et élégantes et une taille moins élevée que le cheval de l'homme qui accompagne l'amazone.

La femme doit toujours être suivie d'un groom et être escortée d'un parent ou ami, excellent cavalier qui marche à sa droite de manière à ne pas paralyser l'action de ses jambes, à être plus à sa portée et à même de la secourir en cas d'accident.

En sortant de l'écurie, elle marche au pas pendant un quart d'heure, afin d'abaisser le rein du cheval et de le mettre en haleine, puis elle prend le trot qu'elle entame par un allongement progressif du pas. Elle entrecoupe sa promenade de temps de galop assez courts pour ménager sa monture. Si elle sent une hésitation dans le mouvement en avant de son cheval, elle se rend compte de l'objet de ses craintes et prend les mesures les plus propres à les apaiser ; s'il a peur et fait un écart de côté, elle s'assied davantage et le ramène par une opposition de rênes.

S'il recule et se cabre, elle le pousse en avant en le surprenant par une énergique pression du talon, un vigoureux coup de cravache et en se servant des rênes de filet.

Si le cheval prend le mors aux dents et s'emballe, elle baisse les poignets et scie du bridon en tirant alternativement sur chacune des rênes de filet et en portant le corps très en-arrière pour surcharger l'arrière-main.

En un mot elle se sert de tous les moyens de conduite que lui suggèrent les résistances du cheval et que lui conseillent son expérience et son tact.

11° SAUTS D'OBSTACLES

Quand la femme sait conduire correctement son cheval aux trois allures, elle peut aborder sans crainte les sauts d'obstacles tels que la barre et le fossé.

Pour sauter la barre, elle tient les rênes de filet à deux mains et sans perdre le point d'appui sur le mors, elle mène droit son cheval sur l'obstacle, en le calmant s'il se précipite dessus et en se servant de l'éperon et de la cravache, s'il cherche à se dérober, élève les poignets quand il touche le sol. Elle a soin à ce moment de porter le corps en arrière pour décharger l'avant-main et de passer au trot ou au pas.

Le fossé est franchi à une allure vive, sans marquer de temps d'arrêt, car le cheval ayant à gagner en largeur, s'enlève peu du sol. On a soin de lui montrer la nature de l'obstacle avant de l'aborder, surtout au début de son dressage.

Une femme qui a des dispositions naturelles et du goût pour l'équitation, arrivera vite à monter à cheval d'une manière correcte et avec assurance; elle acquerra bientôt ce *doigter* délicat qui lui permettra d'agir avec précision sur la bouche du cheval et d'en obtenir des effets favorables à la bonne exécution des mouvements qu'elle lui demande.

Elle trouvera dans cet exercice un passe-temps agréable dont sa santé et son caractère ressentiront la bienfaisante influence.

CHAPITRE XXII

Des Courses.

Historique des courses. — Règlements concernant les courses. — Du cheval de pur sang. — Son entraînement. — Courses plates. — Courses de haies. — Steeplechases.

1° HISTORIQUE DES COURSES

L'origine des courses remonte aux temps les plus reculés de l'antiquité : Égyptiens, Grecs, Romains, s'y adonnaient avec passion et les tenaient en grand honneur.

Dans les temps modernes, c'est l'Angleterre la première qui créa les courses, et améliora ainsi sa race chevaline par des croisements avec des étalons d'Orient et en augmenta la valeur. Sous Henri II (1154-1183), sous Édouard III et Henri VIII, elles commencèrent ; Jacques Ier, Olivier Cromwell les encouragèrent et Charles II (1669) fonda des prix à New-Market.

Les Anglais développèrent cette utile institution et de nos jours leurs hippodromes d'Epsom sont les plus suivis et ceux qui présentent les sujets les plus remarquables de la race chevaline.

La France ne prit part à ce mouvement de rénovation hippique que fort tard et organisa, sous Louis XVI, des courses dans la plaine des Sablons où les chevaux anglais du duc de Chartres disputèrent la palme de la victoire à ceux du marquis de Conflans, du comte d'Artois, du prince de Nassau (1776). L'année suivante Fontainebleau vit courir quarante chevaux.

En 1805, l'État imposa pour les courses des règlements et Louis XVIII et Charles X protégèrent les courses qui eurent lieu à Paris, Bordeaux et Aurillac. Louis-Philippe porta un vif intérêt à ce genre de sport et lui imprima une féconde impulsion. Sous l'Empire et sous la troisième République, des champs de courses ont été établis dans presque toutes les régions de la France.

Les hippodromes de Longchamps, d'Auteuil, Vincennes, La Marche, Saint-Ouen, Maisons-Laffitte, dans le département de la Seine, et de Seine-et-Oise, ceux de Chantilly, de Trouville et de Deauville, de Lille, Nancy, Lyon, Nice, Marseille, Toulouse, Bordeaux, Nantes et de tant d'autres villes, témoignent de l'extension puissante prise par les courses dans notre pays où les produits de pur sang peuvent se mesurer avantageusement avec ceux de la Grande-Bretagne.

Le grand prix de Paris est une réunion où les meilleurs chevaux d'outre-Manche viennent lutter et sont souvent battus par leurs rivaux français.

L'élevage de pur sang a fait de si grands progrès en France, par les persévérants efforts du comte de Lagrange, du duc de Guiche, de MM. Achille Delamare, Lupin, baron Finot, Aumont, Fould et de quelques autres sportmen distingués, que nous ne sommes plus tributaires de l'Angleterre pour l'achat de ces chevaux et que nous avons su créer et former une excellente race, douée des plus solides qualités de vitesse et de fond, nécessaires pour l'entraînement des courses. Les écuries de nos éleveurs et entraîneurs, par le nombre et la valeur de leurs produits, aident à l'amélioration de notre production chevaline, et contribuent à doter notre cavalerie de montures vites et pleines de vigueur.

2° RÈGLEMENTS CONCERNANT LES COURSES

La Société d'Encouragement a rédigé, le 23 février 1867, un Code des courses qui contient les dispositions régissant la matière et donne la solution des difficultés qui peuvent surgir avant, pendant et après la course même. Il est universellement adopté en France et renferme soixante-seize articles réglementant les questions ci-dessous :

De la qualification des chevaux; de leur engament; des déclarations de forfaits et des engagements nuls; des entrées et forfaits; du pesage; du départ; de la course; du second cheval; des épreuves nulles; des courses en partie liée; des prix à réclamer ou à vendre au plus offrant; des surcharges et remises de poids; des réclamations et des délais dans lesquels elles doivent être présentées; des commissaires des courses.

Avant de présenter un cheval sur l'hippodrome, son propriétaire doit l'engager, c'est-à-dire faire connaître aux commissaires, par écrit, son nom et indiquer la course qu'il désire; il contracte en même temps l'obligation de payer l'entrée ou le forfait aux termes fixés par le programme.

La première fois, l'engagement contient le signalement exact du cheval engagé, son âge et son origine; les autres fois, on se borne à inscrire le nom du cheval, même s'il n'était pas parti dans la première course où il était engagé.

L'entrée est de 100, 150 et 200 francs et s'élève à 1,000 francs; elle s'ajoute au montant du prix et en augmente considérablement la valeur ; elle est payée au moment de l'engagement et aucun cheval ne peut courir, si ce versement n'a été fait.

Lorsque le propriétaire veut retirer son cheval de la course et annuler son engagement, il paie une somme dite *forfait* qui s'ajoute également au montant du prix.

Afin de donner à des chevaux d'âges différents les mêmes chances égales de gagner et de faire disparaître les conditions d'infériorité des plus jeunes, vis-à-vis des plus âgés dont la constitution est formée, on a fixé un poids réglementaire qui permet d'admettre dans la même course des chevaux de trois, quatre et cinq ans.

« Pendant les mois d'avril et de mai, pour des distances de 2,000 à 2,500 mètres, les chevaux de trois ans portent 51 kilogrammes ; ceux de quatre ans, 62 kilogrammes ; cinq ans 65 kilogrammes ; six ans et au-dessus, 66 kilogrammes et demi. Au mois de juin commence une progression ascendante pour les poulains de trois ans, et décroissante pour les vieux chevaux, parce qu'ils tendent à se rapprocher progressivement. A cette époque les poulains de trois ans, pour la même distance, portent 52 kilogrammes ; ceux de quatre restent à leur poids de 62 kilogrammes ; ceux de cinq ans, 64 kilogrammes et demi; ceux de six ans et au-dessus, 66 kilogrammes. La même progression continue dans la même proportion en juillet...

« Une gradation égale est observée quand les distances augmentent, c'est-à-dire que les deux extrêmes, les jeunes et les vieux chevaux, obtiennent les premiers un avantage proportionné à l'étendue de la distance, tandis que les seconds, au contraire, subissent une légère aggravation dans la différence de poids qui leur est imposée pour établir une juste parité entre eux...

« La répartition des poids entre les mêmes chevaux pour des distances de 3,000 à 3,500 mètres est établie ainsi qu'il suit: Pour le mois d'avril et le mois de mai, trois ans, 50 kilogrammes et demi; quatre ans, 62 kilogrammes; cinq ans, 66 kilogrammes; six ans et au-dessus, 67 kilogrammes. Au mois de juin trois ans, 51 kilogrammes et demi; quatre ans, 62 kilogrammes; cinq ans, 65 kilogrammes et demi; six ans et au-dessus, 67, etc. On trouve la même gradation dans les modifications qu'impose une épreuve plus longue. » (N. Person, *Dictionnaire du sport français*.)

Cette juste pondération établie entre les chevaux d'âges différents dans les courses régulières, disparaît dans les courses dites *handicaps*, qui ont pour but d'empêcher le meilleur cheval de gagner et de favoriser à son détriment le moins bon.

Dans les courses régulières, on se propose de faire gagner le cheval qui est doué des qualités intrinsèques les plus parfaites et de le mettre dans les conditions les plus favorables pour arriver à ce but.

Le poids moyen de jockeys varie entre 50 et 53 kilogrammes; lorsqu'ils montent des chevaux devant porter une surcharge, on leur met dans les poches du tapis de la selle, des plaques de plomb, et si ce poids est insuffisant, on leur donne une ceinture remplie de plomb de chasse qu'ils fixent autour de la ceinture.

Avant d'entamer la course, chaque jockey doit se faire peser, sous peine de payer une amende de 50 francs. Il porte la selle, le tapis et tout ce que doit porter le cheval; son entraîneur et son propriétaire l'accompagnent.

Après la course, la même opération est renouvelée, afin de s'assurer si le jockey pèse le même poids qu'avant, avec une tolérance d'un kilogramme de moins.

Si par hasard le jockey dépasse le poids fixé pour le cheval, le propriétaire doit en faire la déclaration.

Toutes ces formalités doivent être rigoureusement remplies avant et après la course, sans cela le cheval est disqualifié.

C'est après le retour au pesage que le juge proclame le vainqueur en disant : « *C'est bien* ».

3° DU CHEVAL DE PUR SANG

Le cheval de pur sang est exclusivement le seul employé sur les hippodromes, surtout sur le terrain plat; le **demi-sang court les haies et les steeple-chases.**

Sont qualifiés chevaux de pur sang ceux qui sont inscrits au studbook et tous ceux issus de juments et d'étalons qui y figurent. Tous les autres sont désignés communément comme bêtes de demi-sang ou près du sang.

Les trois chevaux orientaux suivants, du duc de Byerley, de Darley et Godolphin ont engendré les meilleures races de pur sang anglais et leurs noms sont mêlés à un grand nombre des premiers chevaux de pur sang.

Le cheval de pur sang donne de bons chevaux de route et de chasse et peut fournir des carrossiers légers.

La forme extérieure du cheval de course a une grande importance.

Sa taille moyenne varie de 1ᵐ,53, à 1ᵐ,58.

Sa tête doit être légère et mince au bout des lèvres, afin de ne pas alourdir sa masse. Les oreilles sont droites et fines; les yeux vifs et à fleur de tête; les narines larges de manière à être suffisamment dilatées, surtout dans une course

allongée. L'encolure doit être longue et peu chargée.

Le garrot doit être bien sorti; la poitrine bien développée, large et profonde, afin que les poumons y soient à l'aise et fournissent assez d'air. Le poitrail ne doit pas être trop large, pour faciliter l'action des jambes de devant. La ligne entre la pointe de l'ilion et la hanche doit être longue.

L'avant-main doit remplir les conditions suivantes :

L'épaule doit avoir une direction oblique et être très musculeuse. L'avant-bras et le bras doivent être longs et être revêtus de muscles fermes; les genoux larges, les jambes plates découvrant le ligament suspenseur libre, les paturons longs, les pieds ni trop grands ni trop petits et bien ouverts.

L'arrière-main étant le principal agent de la locomotion, exige un fort volume de muscles.

La longueur de bras de levier sur lequel le muscle agit doit être grande.

L'os de la hanche doit être large, le jarret doit être osseux et exempt de tares. Les os sous le jarret sont plats, les ligaments et tendons bien développés, les articulations bien formées, les paturons d'une longueur moyenne, et les pieds sains.

Toutes les parties du corps du cheval doivent avoir des proportions en harmonie; il est nécessaire que l'avant-main et l'arrière-main soient établis de manière à se prêter un mutuel et efficace appui.

La robe du cheval de pur sang est généralement le bai, le bai brun ou l'alezan. Le gris et le noir sont rares.

La peau fine laisse voir les veines gonflées par le sang généreux qui y circule, et n'engorge pas par cette circulation extérieure les poumons et les vaisseaux du cœur.

Le poil est fin. La crinière et la queue sont peu fournies et les crins en sont soyeux.

4° SON ENTRAÎNEMENT.

Le poulain qui est destiné à courir sur les hippodromes nécessite un entraînement préalable et des soins minutieux.

Il faut s'occuper d'abord du choix d'un terrain, favorable à ce genre d'exercices. Le sol doit être meuble et uni; une prairie qui n'est ni marécageuse, ni dure, une allée légèrement sablonneuse sont d'un bon usage. Lorsque la gelée durcit le sol, on sème une couche de tan qui forme le tapis le plus moelleux que puisse fouler un cheval.

Avant de commencer l'entraînement, on doit examiner sérieusement chaque sujet, afin de se rendre compte de sa force, de sa constitution et de sa puissance de travail, sans négliger sa généalogie, car certaines familles supportent plus ou moins ces fatigues.

Le cheval doit être bien en chair, avoir une santé robuste, être doué d'un souffle puissant pour parcourir sa distance sans être hors d'haleine et n'avoir aucun membre malade et taré.

En six mois un cheval de trois ans, déjà débourré, peut être entraîné. Il subit plusieurs préparations et arrive progressivement à être mis complètement en forme pour le jour de la lutte.

Pendant la première partie, on lui enlève la graisse qui le gêne, on affermit ses artiulcations.

Deux ou trois fois, on lui administre quelques boules purgatives, afin de débarrasser ses intestins et de lui permettre de manger l'avoine avec appétit.

On le selle, le guêtre, on le monte dans sa stalle pour qu'il soit calme, et on le promène au pas pendant deux ou trois heures, sur une ligne circulaire, en ayant soin de lui faire exécuter quelques temps de galop, de manière qu'il ne s'endorme pas et conserve toute facilité de locomotion.

C'est au bout de quinze jours seulement qu'on donne la première suée. On couvre le cheval d'une vieille couverture ; on en superpose une autre plus ample, et l'on place la selle par-dessus.

Le cheval ainsi harnaché est conduit sur le terrain, marche une demi-heure au pas pour se vider, et parcourt six kilomètres au galop. Il galope pendant quatre kilomètres à un train régulier et finit sa distance à une plus grande vitesse.

L'entraîneur s'assure que la suée a réussi et fait ramener le cheval à l'écurie où sa peau est raclée par le couteau de chaleur et où ses yeux et ses oreilles sont rafraîchis avec de l'eau.

Pendant les premières suées, la sueur est abondante et mousseuse ; indice certain que le cheval est encore trop chargé de matières graisseuses. Plus tard, elle est limpide et claire comme de l'eau. Le cheval est séché, revêtu de ses couvertures et conduit de nouveau au dehors, afin qu'il ne se refroidisse pas par l'immobilité à l'écurie.

Les suées sont données une fois par semaine, pendant cette période ; on peut se dispenser de couvrir le cheval, mais alors le temps de galop est plus prolongé et plus sévère.

Après le travail, le cheval va à l'eau, puis mange vers onze heures, enfermé à clef dans son box jusqu'à l'heure du nouveau repas (vers quatre heures), après lequel il est sellé et promené une heure. On le rentre à l'écurie, on le fait boire, lui distribue de l'avoine dans la mangeoire et du foin dans le ratelier, et on le laisse se reposer à l'écurie jusqu'au lendemain matin.

Ces heures sont le plus habituellement choisies pour les repas et le travail, et sont le mieux appropriées aux habitudes et au tempérament du cheval.

Au bout de deux mois, les muscles se durcissent, la graisse fond, et le cheval est initié à ce mode de dressage. On augmente son avoine de deux litres et on lui fait subir des suées tous les dix jours, en ayant soin à la fin du parcours de le pousser à fond de train, à l'aide de l'éperon, s'il est mou.

Il faut de minutieuses précautions pour administrer sagement les suées, et les hommes d'écurie qui montent les chevaux doivent régler l'allure avec soin.

On peut alors, entamer les exercices au galop, en examinant dans quelles conditions le cheval a exécuté le travail précédent et en les proportionnant à son état de vigueur. Les galops ont pour but de consolider la puissance musculaire du cheval et de lui apprendre à tirer parti le plus avantageusement possible de ses moyens.

Pour conduire les galops, on place un cheval fait en tête qui règle le degré de vitesse de l'allure et que tous les chevaux suivent en file.

Ce cheval doit être calme, avoir bon caractère ; c'est généralement un cheval qui a couru sur les hippodromes.

Pendant la préparation finale, le cheval est muselé, afin qu'il ne mange pas toute sa litière et ne perde pas le fruit des suées et des galops antérieurs, qui l'a rendu léger et dispos. Les suées, résultat de galops rapides, continuent et achèvent de faire tomber la chair superflue.

On l'exerce à de fréquents galops et on l'accoutume ainsi à s'étendre et à marcher avec franchise, et à acquérir la force de faire son parcours réglementaire, en évitant de le surmener et d'exciter son irritabilité par des exercices trop prolongés et trop sévères. Le cheval doit être maintenu en dedans de ses moyens et ne doit parcourir la distance entière que deux à trois fois par semaine, suivant sa force. Le lendemain de la suée, on travaillera au pas.

A la fin du galop, on permet aux derniers chevaux de la file d'arriver à hauteur du cheval de tête et même de le dépasser.

Il y a un moment où le cheval atteint son maximum de forme et ne peut être mis dans des conditions plus favorables pour le jour de l'épreuve. Quelques heures de travail ou quelques suées de plus pourraient compromettre les résultats acquis ; on s'en aperçoit à l'air triste et morne que prend le cheval dans son box ; il faut alors le reprendre et recommencer les exercices d'entraînement.

Avant de le mener sur l'hippodrome, on lui fait subir une épreuve en le mettant en lice avec un cheval qui a récemment couru et est encore dans sa forme, et on juge si son état est satisfaisant, en comparant leur tenue.

La dernière semaine, cinq jours avant la course, l'entraîneur fait donner une suée, surtout si le cheval a des tendances à engraisser, et, chaque jour, il donne de bons galops, jusqu'à la veille où il se contente d'un galop modéré, pour fournir de la puissance aux voies respiratoires.

Pendant cette préparation, on distribue au cheval huit à dix kilogrammes d'avoine, du foin et des fèves, pour exciter son appétit. On supprime la paille.

L'entraîneur peut calculer avec certitude ce qu'il pourra obtenir de son cheval le jour de la course; il connaît ses moyens, son caractère, quel genre de course lui convient, et il donne au jockey ses instructions en conséquence.

L'habileté de l'entraîneur consiste à savoir le moment précis où son élève peut paraître en public et s'y comporter d'une manière honorable avec les plus grandes chances de succès.

5° COURSES PLATES

Les courses plates sont les plus difficiles à courir et exigent chez les amateurs et jockeys qui y prennent part une assiette ferme, des bras vigoureux et un profond sentiment de l'allure. Le jockey est placé en selle d'une façon particulière, avec les étriers courts, bien chaussés, la cuisse horizontale et les poignets bas, pour avoir plus de force, le corps penché en avant tout en restant assis pour décharger l'arrière-main.

Lorsque le starter a abaissé le drapeau, les

chevaux rangés sur une seule ligne à la même hauteur, s'élancent et prennent leurs places; ils serrent la corde le plus près qu'ils peuvent et sont espacés entre eux à de petits intervalles, les uns en tête, les autres en queue; après le dernier tournant, parvenus à la ligne droite qui mène au poteau d'arrivée, ils se groupent en peloton compact, les meilleurs se détachent, et le premier qui dépasse ses adversaires de quelques longueurs est proclamé vainqueur. Le reste du peloton arrive dans un ordre quelconque, à peu de distance.

Au départ, le jockey doit écouter les conseils de son entraîneur et s'y conformer scrupuleusement.

Il ne perd pas de vue le starter afin de partir au moment où le drapeau est abaissé et d'occuper immédiatement sa place, qu'il ne doit quitter en passant en dedans ou en dehors, que

lorsqu'il le jugera opportun, pour sortir du groupe et se placer en tête. Il se glisse dans le peloton de manière à prendre la place laissée vide par les autres, qui se sont dérangés à droite ou à gauche, ou qui ne peuvent plus suivre, et roule son cheval en usant au besoin de l'éperon et de la cravache. Souvent, à une centaine de mètres du poteau d'arrivée, ses adversaires luttent avec un acharnement désespéré et épuisent vainement leurs montures. Il sent alors la bouche de son cheval, le rassemble et lui communique un suprême et dernier élan qui assure la victoire d'une longueur de tête.

Pendant toute la course, le jockey a soin de toujours tenir la tête de son cheval et de le porter pour ainsi dire dans les jambes, en la maintenant dans la ligne droite, afin de l'empêcher de se dérober pendant le parcours et à l'arrivée.

Les jockeys de profession sont trop expérimentés et connaissent trop bien les qualités et les défauts de leurs chevaux, la nature de la piste et ses points faibles pour n'en pas tenir compte dans leur manière de monter le jour de la course et en tirer le meilleur parti possible. Il n'en est pas de même du gentleman-rider qui se présente en public; les premières fois, il est agité et son émotion, fort légitime, le prive de ses moyens et lui enlève le calme et le sang-froid nécessaires à ce genre d'exercices. Il doit prendre connaissance des règlements qui régissent l'hippodrome où il paraît, avoir le poids qui lui est prescrit et étudier le terrain qu'il est appelé à parcourir, afin de ne pas se diriger sur une fausse piste. Quelques renseignements sur le nombre et la valeur des concurrents présents lui seront d'une grande utilité et l'aideront à mener son train régulièrement, en évitant certaines fautes désastreuses.

Le gentleman-rider est obligé de suivre une

progression méthodique pour arriver à monter en courses. Il fait ses débuts en province et sur les hippodromes suburbains, où il a pour adversaires des cavaliers de sa force, avec lesquels il peut lutter avantageusement. Plus tard, lorsqu'il devient habile et a longtemps parcouru avec des succès même mêlés de revers les pistes de second ordre, il peut, sans inconvénient, affronter le champ de courses d'Auteuil et y faire bonne figure.

Le règlement de la Société d'encouragement pour les courses, qui diffère du code des courses édicte le prescriptions suivantes, dont nous détachons les articles les plus essentiels :

Art. 12. — Tous les prix donnés sur les fonds de la Société, sont exclusivement réservés aux *chevaux français de pur sang.*

Art. 15. — Tout propriétaire engageant un cheval pour la première fois, doit déclarer ses couleurs, qui ne peuvent plus être changées sans un nouvel avis. Les jockeys qui se présenteraient avec des couleurs différentes, paieraient une amende de vingt francs.

Art. 22. — Ne sont admis à monter dans les courses de gentlemen que les membres du Jockey-Club, de l'Ancien Cercle, du Cercle agricole, du

Cercle des Chemins de fer, du Cercle national, du Cercle de la rue Royale, du Cercle de l'Union, du Sporting, du Cercle de l'Union artistique, les officiers de l'armée française, et les personnes admises sur leur demande et après ballotage, par le Comité des courses.

La demande devra être adressée aux Commissaires de la Société.

Art. 24 — Aucune course publique ne peut avoir lieu sur les terrains de la Société qu'avec l'autorisation du comité, ou, en cas d'urgence celle des commissaires.

Art. 25. — Il est pourvu aux dépenses ordinaires d'entretien de la pelouse et des allées de Chantilly au moyen de ressources spéciales créées ci-après.

Art 30. — Les personnes voulant essayer des chevaux sur la piste, doivent en prévenir le garde du terrain, qui autorise l'essai si l'état de la pelouse le permet, ouvre les chaînes, et perçoit une somme de vingt francs pour chaque essai de quatre chevaux au plus, et de quarante francs, s'il y a plus de quatre chevaux.

Art. 33. — Si un jockey, engagé pour un certain temps, ou pour une certaine course, refuse d'exécuter son engagement, les commissaires peuvent le mettre à une amende de cent à cinq cents francs, et lui interdire de monter pendant le temps qu'ils jugent convenable.

Art. 34. — Si un jockey monte pour une autre personne sans la permission de son maître, les commissaires des courses peuvent lui appliquer l'amende et l'interdiction ci-dessus, et le propriétaire, qui l'a employé ainsi, est, en outre, passible d'une amende de cent à mille francs.

Il existe encore un règlement relatif aux courses au trot et à celles réservées aux chevaux de demi-sang. Ces courses sont si rarement organisées qu'il n'y a pas souvent lieu de les appliquer.

6° COURSES DE HAIES

Les courses de haies diffèrent peu de celle que nous avons décrite ci-dessus; elles ont généralement lieu sur les hippodromes de courses plates.

Elles se courent dans le même train que les courses plates, et les chevaux franchissent les haies sans marquer de ralentissement dans l'allure; il faut les soutenir avec soin afin qu'ils ne broussent pas dans les haies. Les jockeys doivent éviter de se bousculer en sautant et choisir le point où ils doivent aborder l'obstacle, en se plaçant à la dernière haie dans le groupe de tête et en finissant par une arrivée aussi vive qu'en course plate.

On choisit pour ces sortes d'exercices des chevaux qui n'ont pas assez de vitesse pour les courses plates, et on les entraîne comme ces derniers.

Il vaut mieux que le cheval rampe en quelque sorte sur la haie et la rase plutôt que de s'élever par un bond en hauteur qui lui fait perdre sa distance.

Les haies ne sont pas des obstacles assez importants pour ralentir le train d'une manière sensible; elles cèdent sous la pression des jambes du cheval

Ces courses sont les plus faciles à parcourir. Les courses de haies sont celles qui nécessitent le moins de pratique chez le jockey et le gentleman-rider; elles sont moins difficiles et moins dangereuses que les courses en plat et les steeple.

7° STEEPLE-CHASES

Les steeple-chases sont des courses dans lesquelles les chevaux sautent des murs en pierre sèche, des rivières, des haies, etc.

Elles se font à un train moins rapide que celles de haies et les plates.

Les chevaux y déploient de plus grands efforts et arrivent au poteau en petit nombre, à cause des chutes occasionnées par la hauteur et la largeur des obstacles.

Ils doivent avoir une bonne taille, un excellent caractère, des moyens puissants, du sang et de la franchise à aborder les obstacles.

Le cheval que l'on entraîne à ce genre de courses est exercé pendant deux heures, au pas, le matin, et deux heures le soir, et tous les deux jours on le met à un temps de galop sur un parcours de trois mille mètres, puis on lui administre deux à trois suées suivies d'une purgation.

Au bout de deux mois, on le prépare sur les obstacles à travers champs et on porte le parcours à quatre mille mètres.

Tous les dix jours on donne des suées en faisant parcourir sept à huit mille mètres, et quelques jours avant l'épreuve, cette distance, réduite à trois mille mètres, est faite dans un train modéré.

L'avant-veille de la course, le parcours sera

de trois mille mètres, et la dernière partie sera vive et soutenue.

Lorsque le starter a abaissé son drapeau, les chevaux partent et se placent en peloton. Lorsqu'ils arrivent sur l'obstacle, les jockeys ou les gentlemen-riders les dirigent bien droit dessus et allongent un peu les rênes pour ne pas être projetés en avant et se les voir arracher des mains par le mouvement brusque de l'encolure, les reprennent en portant le corps en arrière au moment où ils arrivent à terre et font repartir vite leurs chevaux. Lorsque les chevaux, pour mieux mesurer leur élan, marquent un ralentissement près de l'obstacle, leurs cavaliers les actionnent des jambes et soutiennent davantage la tête.

Il est nécessaire de bien choisir sa place pour sauter, afin de ne point bousculer ses concurrents, de ne pas se laisser prendre d'écharpe par ceux qui sautent de travers et d'éviter de se heurter à ceux qui sont tombés.

Lorsque quelques chevaux se dérobent, il faut diriger le cheval en sens opposé et l'empêcher de tirer au large et de les suivre.

La première place, pendant toute la durée du parcours, est la plus avantageuse; elle permet de sauter avec calme, sans être dérangé par les autres chevaux et d'apercevoir nettement l'obstacle. Le seul accident à redouter serait une chute qui ferait passer sur le cavalier gisant à terre le peloton des chevaux venant derrière lui. Le cheval qui arrive au dernier obstacle sans avoir fait une faute est fatigué et réclame un appui plus énergique; s'il est seul, il arrive à un galop modéré; si d'autres adversaires sont à sa hauteur, il finit dans un rush rapide.

Les steeple-chases sont attristés par de nombreux et graves accidents qui proviennent souvent de la faute des cavaliers, qui montent sans avoir acquis l'expérience nécessaire pour aborder ce périlleux hippodrome hérissé d'obstacles difficiles. On y emploie trop souvent des chevaux usés prématurément, et qui n'ont plus assez d'énergie et les membres assez solides pour sauter des haies, des rivières, des murs et des banquettes ayant d'aussi grandes dimensions. Ils arrivent épuisés contre l'obstacle et sont impuissants à le franchir. Ils butent et entraînent dans leur chute inévitable leur cavalier qui est atteint par les pieds des concurrents et reçoit de graves blessures.

En France, la Société de steeple-chases a réglementé ce genre d'épreuves, qui fit son apparition chez nous en 1832, à la Croix-de-Berny.

Les principaux hippodromes sont : Auteuil, La Marche, le Vésinet, Saint-Ouën, Dieppe, Porchefontaine et Spa, en Belgique.

Tous les obstacles sont artificiels et placés sur des pistes plates, et le parcours est tracé en forme de serpentine afin d'augmenter les difficultés. Il est difficile de faire traverser à des steeple-chases des terrains de culture accidentés; le morcellement de la propriété s'y oppose. Celui de Bade, en Allemagne, est un des mieux aménagés par la série et la variété d'obstaclses naturels qu'il présente. En France, les réunions d'Auteuil sont les plus sérieuses et les plus suivies, celles où les meilleurs sauteurs français et anglais viennent se mesurer et montrer leurs remarquables performances.

CHAPITRE XXIII

Dressage du Cheval à la voiture.

Voitures et harnais. — Manière de garnir et d'atteler. — Dressage au harnais. — L'art de mener un seul cheval et une paire de chevaux.

1° VOITURES ET HARNAIS

Le cheval est plus souvent destiné à être attelé seul ou à deux qu'à porter un cavalier.

De nos jours, où les voies de communication sont macadamisées et praticables, on fait usage de voitures de tous genres. Les principales voitures de luxe à deux roues sont le dog-cart, le cabriolet ; celles à quatre roues sont le landau, la victoria, le coupé, le phaéton, le vis-à-vis et quelques autres. Les premières s'attellent à un seul cheval, les secondes reçoivent généralement deux chevaux.

Les harnais se construisent de diverses façons, suivant le but que l'on se propose.

Nous donnerons ici la description du harnais de phaéton, le plus simple et le plus usité.

Le cheval tire la voiture au moyen d'un collier de forme ovale, rembourré pour porter sur les épaules ou au moyen d'une bricole, courroie large qui passe sur le poitrail. Le collier est entouré de deux cercles de fer appelés *attelles*, qui se bouclent au-dessus et au-dessous par des courroies. Chaque attelle possède à son sommet un anneau où passent les rênes de bride, et un peu plus bas un autre où le trait est fixé.

Le trait se compose d'une courroie large, attachée d'une part à l'attelle, de l'autre à la volée. Sur le cheval repose la sellette ou mantelet, garnie de deux anneaux pour le passage des rênes et d'un crochet d'enrênage placé en haut et au milieu. Cette sellette est maintenue sur le cheval par la croupière et la sous-ventrière, et reçoit une courroie appelée dossière, fixée de chaque côté à une boucle et à un anneau appelé le grand boucleteau, soutenant le brancard. Ce harnachement est complété par l'avaloire qui passe sur la croupe et se fixe aux brancards.

La bride comprend les deux montants et les œillères, un frontal, une muserolle, une têtière, une sous-gorge. Le mors est bouclé aux montants. Les guides sont deux bandes de cuir longues et étroites, attachées aux anneaux porte-rênes du mors. On se sert de doubles rênes lorsque le cheval est nerveux et difficile à manier; une paire de rênes est fixée à hauteur du canon, l'autre plus bas sur la branche.

Le harnais pour atteler à deux diffère de celui que nous venons de décrire par les accessoires suivants. Les cuirs sont plus légers; la sellette n'ayant pas à supporter de brancard est plus légère.

Les parties inférieures des attelles sont réunies par un anneau métallique ovale qui reçoit un autre anneau auquel on boucle le timon et qui sert à faire reculer la voiture. La courroie porte-trait soutient les boucles des traits. Au bout des traits se trouve un anneau qui entoure le boulon de volée. Le plus souvent l'avaloire est remplacé par la barre de fesse qui supporte les traits.

Une rêne s'attache à la partie extérieure du mors, une autre (entre-deux) est fixée par une boucle à la rêne du dedans de façon à pouvoir être allongée ou raccourcie à volonté. Ces entre-deux se bouclent au côté intérieur du mors du cheval voisin; de cette façon la rêne de dehors et son entre-deux agissent sur les dehors du mors de chaque cheval et les rênes de dedans agissent sur le dedans des mors. Les rênes se croisent après leur passage dans les crochets de sellette et d'attelle.

Les manches de fouet sont plus ou moins légers et longs, suivant la nature de l'attelage.

2° MANIÈRE DE GARNIR ET D'ATTELER.

On détache le cheval et on le fait retourner dans sa stalle, la croupe dirigée du côté de la mangeoire. On passe le collier tourné sens dessus dessous, afin de ne pas blesser les yeux et les ganaches avec la partie étroite et dès qu'il est à hauteur de la nuque, on le replace dans sa position normale et on le fait glisser sur l'encolure pour l'appliquer contre les épaules. On place les attelles et on les boucle. On approche doucement du cheval et on met sur son dos la sellette sans brusquerie; on lève la queue et on passe la croupière dessous en ayant soin de ne laisser aucun crin entre le culeron et la peau; puis on attire la sellette vers le garrot en tendant légèrement la croupière et on boucle la sous-ventrière sans à coup. La bride est mise à la tête du cheval.

Pour atteler le cheval au brancard, on les soulève et on fait reculer le cheval; lorsqu'il est bien placé on abaisse les brancards et on les glisse par-dessus ou par dessous les boucleteaux; on fixe les traits à la volée, l'avaloire aux brancards et on serre la fausse sous-ventrière.

Lorsqu'on attelle à deux, on place le cheval parallèlement et à hauteur du timon, on fixe la chaînette à l'anneau placé en bas de l'attelle, et on attache les traits à la volée ; on boucle chaque croisière au mors du cheval voisin et on fixe les guides aux entre-deux.

Pour dételer on commence par où on a fini en attelant.

3° DRESSAGE AU HARNAIS

On ne peut dresser convenablement un cheval à la voiture, que s'il a été préalablement monté en selle et connaît les effets des rênes.

On l'habitue d'abord au harnachement, en les lui laissant sur le dos pendant deux heures chaque jour et en le promenant en main.

Lorsqu'il supporte avec aisance et sans manifester la moindre impatience, la sellette et la croupière, on l'attele à un break avec un autre cheval tout dressé ; le timon et la volée du break sont surmontés d'une planche afin que le jeune cheval ne saute pas par-dessus et ne se blesse pas. On l'exerce chaque jour pendant une heure au pas, puis au trot. Lorsqu'il se montre docile et calme, on l'attelle seul à un dog-cart ou à un phaéton. S'il a des tendances à ruer. On le contient avec une plate-longe attachée au brancard.

4° L'ART DE MENER UN SEUL CHEVAL ET UNE PAIRE DE CHEVAUX

Pour mener un seul cheval, il est nécessaire d'avoir une bonne main et de l'à propos. On fait passer la rêne intérieure sur l'index et celle du dehors entre l'index et le médius, le bout traverse la main et tombe sur les genoux. On n'enrêne plus le cheval de voiture, lorsqu'il est seul, afin de ne pas lui faire porter la tête trop haut et de ne pas le gêner dans ses mouvements. De cette façon, s'il bute, il peut se relever facilement et se remettre sur ses pieds. Le cheval au trot peut s'appuyer sur le mors et embrasser un large espace de terrain. L'enrênement donne du brillant et du tride à ses mouvements mais leur ôte de l'extension en longueur.

Les rênes ne doivent être ni trop tendues, ni flottantes; le cheval goûte son mors et cède à la traction des rênes; en ouvrant la rêne droite, il tourne à droite et en ouvrant la rêne gauche il

tourne à gauche. On doit toujours prendre sa droite, quand on rencontre une voiture et passer à une distance assez grande pour ne pas heurter roues contre roues.

On passe au pas pour gravir les montées et on relâche les rênes ; en descendant on raccourcit les rênes, on penche le corps en arrière sur le siège de manière à avoir plus de force pour tenir le cheval, s'il commet une faute.

« Pour mener une paire de chevaux, le grand art consiste à les mettre ensemble de façon à ce que l'un ne tire pas moins que l'autre et à les faire marcher en cadence. Pour bien faire, il faut que les chevaux aient même action et même caractère; il vaut mieux deux fainéants qu'un cheval bien franc avec un fainéant, parce que dans ce dernier cas, les coups de fouet donnés au lambin ne font qu'augmenter l'ardeur du bon cheval et il devient impossible de les faire tirer également. Dans quelques cas où deux chevaux se trouvent parfaitement appareillés, les rênes d'assemblage (entre-deux ou croisières) doivent être de même longueur, mais cela n'arrive guère, et quand les deux chevaux ne prennent pas autant de peine l'un que l'autre, l'on doit relever la croisière du cheval le plus franc et rabaisser celle du plus paresseux. Pour surveiller le travail des chevaux, on doit toujours se guider sur les chaînettes : si elles sont lâches et si le bout du timon ne vacille pas, qu'aucun des chevaux ne le pousse, le conducteur peut être assuré que chacun des chevaux fait sa part d'ouvrage ; si, cependant l'un des animaux pousse le timon, c'est un coquin qui fait faire à son camarade plus que sa portion, en maintenant le timon par la pression de son épaule plutôt qu'en tirant sur les traits. Si encore un des chevaux s'écarte du timon et raidit la chaînette, il fait plus de travail qu'il ne faut et il faut raccourcir sa croisière. Quelquefois les deux chevaux poussent le timon ou tous les deux s'en écartent. Ce sont des habitudes également disgracieuses que l'on peut guérir en lâchant la croisière de chacun s'ils épaulent, en la raccourcissant, s'ils ont le défaut opposé. A l'attelage double on tient les guides de la même façon que pour un seul cheval... Pour le menage d'une paire de chevaux, il faut se souvenir qu'il y a deux manières de parcourir une ligne courbe, l'une en tirant la rêne du dedans, l'autre en frappant le cheval extérieur. En général, il faut combiner les deux manières en graduant l'emploi du fouet selon la sensibilité de la peau du cheval. Il y a toujours lieu d'employer le fouet dans l'attelage double, non pour faire tirer des chevaux dressés, mais pour les faire tirer également. Il convient de changer continuellement les chevaux de côté pour empêcher les mauvaises habitudes que ceux mis toujours du même côté ne manquent pas de contracter. On doit les changer de temps en temps, de façon que celui d'abord qui tirait sur la chaînette vienne ensuite, par un changement de côté, à plutôt appuyer du côté du timon». (Comte de Lagondie. *Le Cheval et son cavalier.*)

Telles sont les principales règles pour mener un seul cheval et une paire de chevaux d'une manière rationnelle, et avoir un attelage correct et élégant et d'une conduite facile.

CHAPITRE XXIV

Principaux Termes et Locutions employés en Équitation.

La science équestre emploie certains termes et locutions techniques dont il est nécessaire, à tout homme qui l'étudie, de connaître le sens. Nous donnons ici par ordre alphabétique les plus usités, d'après les définitions fournies par le comte d'Aure dans son *Cours d'équitation* et par Cardini dans son *Dictionnaire d'hippiatrique et d'équitation*.

A

A-coup. — Action brusque ou saccadée de la main ou des jambes du cavalier.

Aides. — Moyen employé par le cavalier pour faire comprendre au cheval ce qu'il exige de lui. Il y a *accord des aides* lorsque, dans tous les mouvements, les effets particuliers à chaque aide concourent à l'ensemble qu'on sollicite du cheval.

Airs de manège. — Sont les divers mouvements ou figures qu'on exécute dans un manège, ainsi que la cadence qu'on imprime aux allures et aux mouvements ; de là les *airs bas* et les *airs relevés*.

Airs bas. — Sont ceux où le cheval, **restant dans les allures naturelles**, manie près de terre.

Airs relevés. — Sont ceux où l'on donne **du tride et de l'élévation aux mouvements**.

Animer un cheval. — Entretenir, **augmenter l'action** d'un cheval par les jambes et au besoin par l'éperon.

Appui. — Effet de la main du cavalier sur la bouche du cheval qui établit un rapport constant entre elles.

Armer (s'). — Se dit d'un cheval qui résiste aux aides et aux châtiments.

Arrêt. — Cessation de mouvement de la part du cheval.

Arrière-main. — Partie du cheval, formée de la croupe, des hanches, des fesses, du grasset, des cuisses, des jarrets, des extrémités postérieures, de l'anus et de la queue.

Assiette. — Manière dont le cavalier est placé sur la selle ; *avoir une bonne assiette* veut dire être bien posé sur la selle.

Avant-main. — Partie du cheval, formée de la tête, de l'encolure, du garrot, du poitrail, des épaules et des extrémités antérieures.

B

Battre à la main. — Un cheval bat **à la main**, lorsqu'il donne des coups de tête, en l'élevant et en la baissant alternativement.

Battue. — Bruit que produit le pied du cheval en heurtant sur le sol dans sa marche.

Bien mis. — Se dit d'un cheval à la fois souple et docile aux actions de la main et des jambes.

Bipède antérieur. — Les pieds de devant.

Bipède postérieur. — Les pieds de derrière.

Bipède diagonal. — Un pied de devant d'un côté, un pied de derrière de l'autre.

Bipède latéral. — Un pied de devant, un pied de derrière du même côté.

Bipède diagonal droit. — Veut dire le pied droit de devant et le pied gauche de derrière.

Bouche. — En terme de manège, ce mot signifie la sensibilité des barres qui supportent les mors.

Bourrer. — Action brusque du cheval qui s'élance en avant et s'appuie énergiquement sur le mors.

Buter. — Action du cheval qui fait un faux pas.

C

Cabrer (se). — Action du cheval qui se lève droit sur ses extrémités postérieures.

Cabriole. — Saut vif par lequel le cheval lève le devant et ensuite le derrière, sans avancer, en détachant la ruade.

Cadence. — Mesure régulière que le cheval observe dans tous ses mouvements.

Changement de main. — Passer le coin et traverser le manège diagonalement, de manière à reprendre la piste opposée dans un sens différent.

Changement de pied. — Se dit de l'action du cheva

qui, en galopant, change les dispositions de ses extrémités.

Courbette. — Mouvement dans lequel le cheval avance sous son centre de gravité ses deux pieds de derrière, en pliant les jarrets et baissant les hanches, et lève les deux jambes de devant en pliant les genoux.

D

Débourrer. — Commencer à rendre les mouvements d'un cheval souples et liants.

Dedans. — Tout ce qui, pour le cavalier, est dans l'intérieur du manège.

Dehors. — Tout ce qui, pour le cavalier, est du côté du mur le long duquel il marche.

Démonter. — Se dit d'un cheval qui, par un mouvement brusque, jette son cavalier par terre.

Descente de main. — Action que le cavalier exécute sur un cheval bien mis, afin de montrer la justesse de son équilibre et sa belle attitude.

Droit. — Position du cheval qui a la tête, les épaules, et les hanches sur la même ligne.

E

Écart. — Action d'un cheval qui, par peur, se jette violemment de côté.

Encapuchonner. — Action du cheval qui rapproche du poitrail la partie inférieure de la tête.

Éperon. — Pincer de l'éperon, veut dire appliquer les

éperons dans le ventre du cheval pour le pousser en avant.

F

Foulée. — Pose du pied du cheval sur le sol après le mouvement du lever.

Franc. — Se dit du départ régulier du cheval au galop

G

Gaieté. — Se dit du cheval qui montre du feu et de la vivacité.

Grandir. — Le cavalier se grandit en levant la tête et en soutenant le haut du corps.

Le cheval se grandit en ramenant les hanches sous lui et en enlevant le devant.

H

Ha-delà. — Exclamation dont on sert pour faire ranger à droite ou à gauche les sauteurs dans les piliers.

Hanches. — Asseoir *un cheval sur les hanches*, c'est faire plier les hanches pour alléger et agrandir l'avant-main.

Handicap. — Course pour laquelle on détermine les différents poids que les chevaux doivent porter, afin d'établir une parfaite égalité de force entre les coureurs.

Holà. — Mot pour faire arrêter le cheval au manège.

I

Immobilité. — Position du cheval qui reste en place et se refuse à marcher sous l'action des aides.

J

Jambes. — Aides du cavalier. — *Jambes près*, signifie l'action par laquelle le cavalier ferme ses jambes pour mettre le cheval en mouvement ou pour l'empêcher de reculer.

Juste. — Un cheval est dit *juste*, lorsqu'il marche avec régularité et mesure. Il part juste au galop, lorsqu'il l'entame sur le pied du dedans.

L

Lever. — Temps de la marche, pendant lequel un ou plusieurs membres du cheval se trouvent en l'air.

M

Main. — Aide du cavalier qui agit sur la bouche du cheval — *Appui de la main*, sensation que fait éprouver à la main du cavalier l'action du mors sur les barres du cheval. — *Battre à la main*, action du cheval qui hausse et baisse la tête avec des mouvements brusques. — *Bien dans la main*, se dit d'un cheval bien dressé, obéissant avec grâce à la main du cavalier. — *Léger à la main*, se dit d'un cheval qui a la bouche bonne et qui appuie légèrement sur le mors. — *Gagner la main*, c'est lorsque le cheval échappe peu à peu de la main du cavalier. — *Main bonne*, celle qui rend ou retient à temps et à propos avec douceur et fermeté. — *Main dure*, celle dont l'action est trop puissante sur la bouche du cheval. — *Peser à la main*, se dit d'un cheval qui, par lassitude ou faiblesse des reins et des jambes manque de sensibilité dans la bouche, s'appuie et s'abandonne sur le mors, de manière à fatiguer le bras du cavalier.

Manège. — Terrain plus ou moins étendu, entouré de murs, destiné à exercer aux pratiques de l'équitation les hommes et les chevaux.

Manier. — Exprime l'action des extrémités du cheval aux différentes allures : *il manie* bien, mal et près de terre.

Mezair. — (moitié air). Air relevé de manège qui consiste dans une suite de sauts en avant, où les extrémités antérieures s'élèvent plus haut que dans le terre à terre, mais plus bas et plus en avant que dans la courbette.

Monter à cheval. — Action de se placer sur le dos d'un cheval.

Montoir. — désigne le côté gauche d'un cheval par ou l'on monte.

Mors. — *Mâcher le mors*, se dit du cheval qui joue avec le mors en le balançant dans la bouche. — *Prendre le mors aux dents*, désigne un cheval qui s'emporte, en saisissant une des deux branches avec les incisives.

Mou. — Cheval sans énergie.

O

Obéir. — Un cheval obéit à la main et aux jambes lorsqu'il les connait et répond à leur action et il obéit aux éperon lorsqu'il les craint.

Ombrageux. — Se dit d'un cheval qui a peur de tous les objets qu'il rencontre et même de son ombre.

Opposer les épaules aux hanches. — C'est porter les épaules du côté où le cheval jette les hanches.

P

Passage. — Pas écouté et relevé qui a l'action du trot, mais plus racourci et plus mesuré que celui-ci et plus cadencé que le pas.

Piste. — Ligne droite ou circulaire que le cheval trace en marchant. Suivre la piste, c'est marcher le long des murs du manège. Le cheval est dit d'une piste lorsque les pieds de derrière suivent la même ligne que ceux de devant et de deux pistes lorsqu'il marche pas à pas de côté.

Placer un cheval. — C'est le mettre en équilibre en coordonnant ses forces dans tous les mouvements qu'il doit exécuter.

Plier un cheval à droite ou à gauche. — C'est l'habituer à tourner sans efforts à ces deux mains.

Pointe. — Action du cheval qui s'élève et se pique sur ses deux pieds de derrière.

Porter au vent. — Désigne un cheval qui porte la tête dans une position plus ou moins horizontale.

Porter haut. — Marcher la tête élevée.

Q

Quadrille. — Groupe de cavaliers exécutant des exercices équestres.

Quinteux. — Se dit d'un cheval irritable.

R

Ramener. — Faire baisser la tête et le nez à un cheval qui les tient trop en avant.

Rechercher un cheval. — C'est redoubler d'action sur lui.

Rendre. — Baisser la main pour diminuer ou faire cesser l'action des rênes.

Reprise. — Durée du travail qu'on fait exécuter sans interruption à l'homme ou au cheval.

Résistance. — Opposition du cheval à la volonté du cavalier, manifestée par les aides.

Ruade. — Mouvement violent du cheval qui élève son

arrière-main et lance avec force ses pieds postérieurs en arrière.

S

Scier du bridon. — Faire sentir successivement l'effet de chaque rêne.

Serrer. — C'est exiger du cheval qu'il rétrécisse la largeur du mouvement.

Surprendre. — Se servir des aides trop brusquement et par à coups et impressionner désagréablement le cheval.

T

Train. — Être dans le train veut dire avoir l'allure allongée qui convient à la course que le cheval fait.

Traverser. — C'est l'action d'un cheval qui jette ses hanches à droite ou à gauche en dehors de la ligne des épaules.

Tride. — Action vive, cadencée et unie d'un mouvement.

U

Unir. — C'est faire galoper un cheval si juste que son arrière-main n'opère qu'une même action avec son avant-main.

V

Vitesse. — Célérité dans l'allure.

Voltige. — Exercice pratique sur un cheval, avec ou sans étriers, afin d'acquérir de la légèreté et de l'adresse.

TABLE DES MATIERES

INTRODUCTION.   1

CHAPITRE PREMIER
L'ÉQUITATION

L'Équitation chez les Anciens, en Égypte, en Grèce et à Rome. — Le moyen âge. — Les Académies. — La Broue, Pluvinel et la Guérinière. — L'École de Versailles.— L'École des d'Abzac.— L'art équestre moderne. — Le comte d'Aure. — M. Baucher. — L'École de Saumur.   3

CHAPITRE II
DE L'EXTÉRIEUR DU CHEVAL

Tête. — Ses divisions. — Encolure, ses beautés et ses défauts. — Différentes parties du corps. — Garrot. — Dos. — Côtes. — Rein. — Flancs. — Ventre. — Croupe. — Queue. — Anus. — Membres antérieurs. — Épaule. — Bras. — Ars. — Avant-bras. — Coude. — Genou. — Canon. — Boulet. — Paturon. — Couronne. — Pied. — Membres postérieurs. — Hanche. — Fesse. — Cuisse. — Grasset. — Jambe. — Jarret. — Canon. — Boulet. — Paturon. — Couronne. — Organes génitaux. 14

CHAPITRE III
PRINCIPES GÉNÉRAUX DE L'INSTRUCTION DU CAVALIER

Se mettre en selle. — Assouplissements. — **Marcher**

au pas, au trot et au galop, le cheval étant tenu par une longe. — Marcher aux trois allures sans le secours de la longe. — De l'effet des rênes. — De l'usage et de l'emploi des jambes 31

CHAPITRE IV

PREMIERS ÉLÉMENTS DE DRESSAGE DU CHEVAL

De l'âge où commence le dressage du poulain. — Caveçon. — Longe. — Chambrière. — Travail sur le cercle aux deux mains, au pas, au trot et au galop. — Principes et résultats du travail à la longe. 44

CHAPITRE V

DU HARNACHEMENT

Composition du harnachement. — Bride anglaise. — Ses différentes parties. — Montants. — Dessus de tête. — Rênes. — Mors de bride et mors de filet. — De l'effet du mors de bride suivant sa forme. — Manière de brider un cheval. — Selle. — Sa composition. — Arçons. — Bandes. — Siège. — Panneaux. — Quartiers et faux quartiers. — Contre-sanglons. — Accessoires. — Étrivières et Étriers. — Manière de seller et desseller un cheval. — Emploi du harnachement pendant les premières leçons du dressage. 54

CHAPITRE VI

DU MONTOIR. — POSITION DU CAVALIER A CHEVAL

Manière d'approcher du cheval et de se placer en selle en se servant des étriers. — Précautions à observer pour mettre pied à terre. — Tenue des rênes. — Position du cavalier à cheval. — Placement régulier des différentes parties du corps. — De l'emploi de l'étrier. 68

CHAPITRE VII

DES AIDES NATURELLES — RÊNES ET JAMBES

Définition des aides. — Aides supérieures et inférieures. — Des rênes. — Leur usage. — Tenue des rênes de filet. — Placement des rênes de bride et de filet dans les deux mains et dans la main gauche. — Effet des rênes de bride. — Jambes. — Leur action. — Combinaison des rênes et des jambes ou accord des aides. 81

CHAPITRE VIII

DU PAS

Mécanisme du pas. — Le rassembler. — Marcher au pas. — Moyens de conduite à observer pour obtenir un pas égal et régulier. — Équilibre du cheval par l'action simultanée des rênes et des jambes. — Arrêter. — Pas allongé et pas ralenti. 89

CHAPITRE IX

DU TOURNER A DROITE ET A GAUCHE

Moyens employés pour tourner à droite. — Par la rêne droite. — Par la rêne gauche. — Par la jambe droite. — Par l'accord des aides. — Moyens employés pour tourner à gauche. — Par la rêne gauche. — Par la rêne droite. — Par l'accord des aides.. 97

CHAPITRE X

DU RECULER

Mécanisme du reculer. — Exercice de pied ferme, le cheval non monté et muni du caveçon et de la longe. — Du reculer, le cheval étant monté. — Résistance du cheval à exécuter ce mouvement. — Moyen de la combattre. — Influence du reculer sur le dressage du cheval et sur ses membres postérieurs.................................. 102

CHAPITRE XI

DES MOUVEMENTS EN DEDANS DES PISTES

Doubler aux deux mains. — Changement de main à droite et à gauche. — Volte à main droite et à main gauche. — Demi-volte à main droite et à main gauche........................... 105

CHAPITRE XII

DU TROT

Mécanisme et vitesse du trot. — Passer du pas au trot et du trot au pas. — Allonger le trot. — Du trot enlevé ou à l'anglaise. — Ralentir le trot. . . . 111

CHAPITRE XIII

DU TRAVAIL DES DEUX PISTES

Demi-tour par l'avant-main ou sur les hanches, à main droite et à main gauche. — Demi-tour par l'arrière-main ou sur les épaules, à main droite et à main gauche. — Épaule au mur. — Pirouette renversée. — Épaule en dedans. — Pirouette ordinaire.   122

CHAPITRE XIV

DU GALOP

Mécanisme du galop, sur le pied droit et sur le pied gauche. — Galop juste et désuni. — Différentes sortes de galop. — Partir au galop, marchant au pas. — Partir au galop marchant au trot. — Changements de pied. — Contre-changements de main.   130

CHAPITRE XV

DES AIRS DE MANÈGE ET DE LA HAUTE ÉCOLE

Considérations générales sur le travail de haute école. — Du piaffer. — De la courbette. — De la croupade et de la ballotade. — De la cabriole. — Du passage. — Du pas espagnol.   143

CHAPITRE XVI

DES ALLURES DÉFECTUEUSES ET IRRÉGULIÈRES

Galop à quatre temps. — Amble. — Amble rompu. — Pas relevé. — Traquenard. — Aubin. — Chevaux qui troussent, rasent le tapis, se bercent, billardent, forgent, se coupent, harpent et ont les jarrets vacillants.   157

CHAPITRE XVII

DES MOYENS DE CHATIMEN

Principaux moyens e châtiments. — De la chambrière. — De la cravache. — De l'éperon.   171

CHAPITRE XVIII

DES DÉFENSES DU CHEVAL

Écarts. — Pointe. — Ruade. — Reculer. — Demi-tours brusques. — Bonds. — Immobilité. — Chevaux qui s'emportent. — Chevaux qui cherchent à mordre la jambe du cavalier et le serrent contre le mur du manège. 179

CHAPITRE XIX

SAUTS D'OBSTACLES

Travail préparatoire du cheval au saut d'obstacles. — Sauts d'obstacles. 194

CHAPITRE XX

EMPLOI DU CHEVAL AU DEHORS

Résultats obtenus par le travail du manège. — Principes généraux sur la tenue du cavalier. — Départ de l'écurie. — Traversée des rues d'une ville. — A travers champs. — Montées et descentes. — Accidents de terrain. — Chasse à courre. 205

CHAPITRE XXI

DE L'ÉQUITATION DES DAMES

Considérations générales. — Du harnachement. — De la leçon du montoir. — Position de la femme à cheval. — Des moyens de conduite. — Rênes. — Jambe gauche et cravache — Du pas. — Mouvements divers. — Du trot. — Du galop. — Changements de pied. — Sauts d'obstacles. 223

CHAPITRE XXII

DES COURSES

Historique des courses. — Règlements concernant les courses. — Du cheval de pur sang. — Son entraînement. — Courses plates. — Courses de haies. — Steeple-chases. 248

CHAPITRE XXIII

DRESSAGE DU CHEVAL A LA VOITURE

Voitures et harnais. — Manière de garnir et d'atteler. — Dressage au harnais — L'art de mener un seul cheval et une paire de chevaux. 276

CHAPITRE XXIV

PRINCIPAUX TERMES ET LOCUTIONS EMPLOYÉS EN ÉQUITATION   286

PARIS. — IMP. P. MOUILLOT, 13, QUAI VOLTAIRE. — 20.079

À LA MÊME LIBRAIRIE

Hygiène vétérinaire appliquée, par J.-H. MAGNE, directeur de l'École nationale vétérinaire d'Alfort, membre de l'Académie de médecine. 3ᵉ édition, avec gravures.
  Races chevalines et leur amélioration. Entretien, multiplication, élevage, éducation du cheval, de l'âne et du mulet. Ouvrage précédé de considérations générales sur l'amélioration des animaux domestiques.
  1 vol. gr. in-18 jésus, broché . . . . 8 fr. »

Traité pratique de médecine vétérinaire. — Art de prévenir et de guérir les maladies chez le cheval, l'âne, le mulet, le bœuf, le mouton, le porc et le chien, par H.-A. VILLIERS et A. LARBALÉTRIER. 1 fort vol. in-18, orné de 35 fig., broché 3 fr. 50
Relié, toile souple élégante . . . . 4 fr.

Le cheval, traité complet d'hippologie, suivi d'un cours d'équitation pour le cavalier et la dame, d'une étude détaillée du cheval et de son entretien, d'un aperçu sur l'hippophagie et sur les diverses races élevées en France et à l'étranger, etc., par E. SANTINI, ancien directeur de l'école des enfants de troupe et de la remonte des jeunes chevaux. Nombreuses gravures.
1 vol. in-18 illustré broché . . . . 3 fr. 50

Le cheval. — Manuel à l'usage de nos amateurs de chevaux et des gens d'écurie, par un HOMME DE CHEVAL. Nouvelle édition complètement refondue. 1 vol. in-18 illustré . . . . 2 fr.

Manuel de l'éleveur de bétail et de tous les animaux domestiques. — Caractères, qualités, défauts, par L. PATTET, ancien répétiteur de physiologie à l'École d'Alfort, vétérinaire sanitaire au marché de la Villette. 1 vol. in-18 jésus, relié toile souple élégante . . . . 4 fr.

La science des armes, l'assaut et les assauts publics, le duel et la leçon de duel, par GEORGES ROBERT, professeur d'escrime au lycée Henri IV, notices sur Robert, par M. ERNEST LEGOUVÉ, de l'Académie française. 1 vol. grand in-8 jésus, avec 7 grands tableaux, broché . . . . 8 fr.

Manuel pratique d'escrime, fleuret, épée, sabre, comprenant l'escrime moderne et l'historique de l'escrime ancienne, par M. ÉMILE ANDRÉ, fondateur de la revue l'Escrime française. Dessins inédits d'après Mérignac, Pini, Hissard, adjudant Alessandri, Chevillard. 1 vol. in-18 jésus broché . . . . 3 fr. 50

Sports athlétiques, par ERN. WEBER, lauréat de l'Académie des Sports. Préface de HENRI DESGRANGES, rédacteur en chef du journal l'Auto.
  Entraînement. — Gymnastique. — Natation. — Water-polo. — Course à pied. — Marche. — Concours athlétiques. — Lancement du disque. — Lancement du poids. — Saut à la perche. — Saut en longueur. — Saut en hauteur. — Football Association. — Football Rugby. — Tennis. — Longue Paume. — Pelote basque. — Hockey. — Croquet. — Règle des champs. — Système des poules.
1 vol. in-18 jésus, illustré de nombreuses figures, broché. 3 fr. 50
Relié toile souple élégante . . . . 4 fr. »

Imp. A. LEROY, 4 et 6 rue Schomer, Paris.

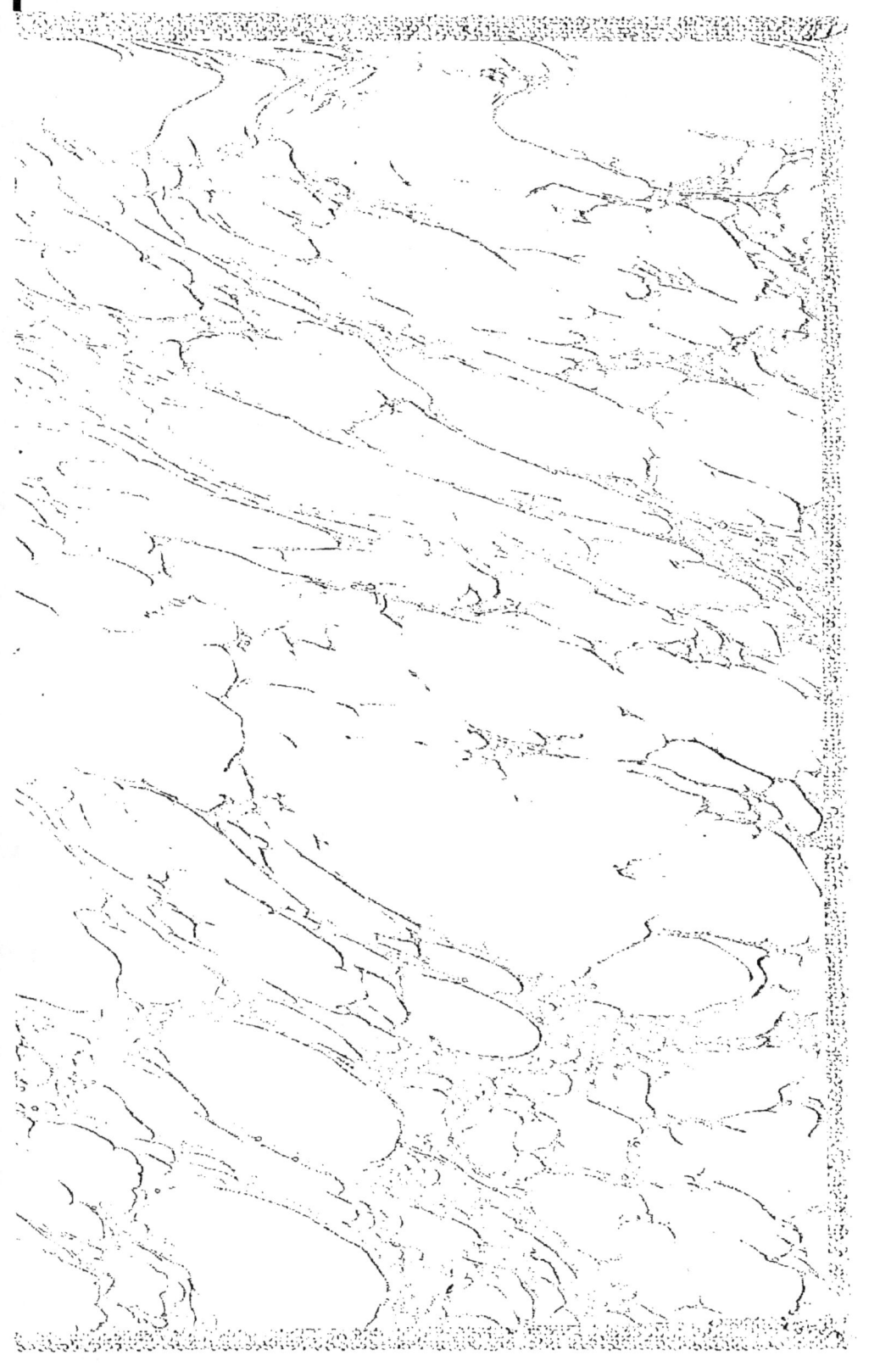

www.ingramcontent.com/pod-product-compliance
Lightning Source LLC
Chambersburg PA
CBHW070619160426
43194CB00009B/1313